グラシアスから始めて日常会話・旅行会話が話せる

ゼロからスタート スペイン語

会話編

CD付

ヘスス・マロト・ロペステジョ
Jesús Maroto López-Tello

Jリサーチ出版

読者へのメッセージ

発音が簡単で、とても学びやすい

　この本は「ゼロからスタート」となっている通り、スペイン語をゼロから始める人でも、基本的な日常会話や旅行会話がマスターできるようにつくられています。簡単に使える会話フレーズをたっぷりと紹介していますので、どんどん使ってみましょう。

　スペイン語は日本人にはとても親しみやすい言語です。なぜなら、発音がとても簡単で、そのほとんどは日本語のローマ字読みと同じで良いからです。

　また、文の構造も英語とよく似たものなので、単語が並ぶ順序はまず英語を思い浮かべればよく、英語が義務教育となっている日本人にとっては非常に取り組みやすい言語です。

　ボキャブラリーは、45パーセントが英語と共通と言われています。形は多少変わりますが、英語とよく似た単語が、たくさん出てきます。発音は英語的なものではなく、日本語のローマ字読み的に発音しますので、最初は多少混乱しがちになるかもしれませんが、慣れてしまえばとても簡単です。

20以上の国々で使える

　スペイン語は、ヨーロッパのスペインだけでなく、中南米、北米や、アフリカ・アジアの一部…と、非常に広く使われている言語で、国連の公用語にもなっています。

　スペイン語が代表するのはラテン文化であり、スペイン語を学ぶことで、20カ国を超える国々の文化を知ることができます。20以上の国々と、さらに多くの地方の、伝統や芸術、スポーツ、音楽とダンス、政治と経済、人々の暮らし、食事、仕事、文学、ものの考え方、……スペイン語を勉強すれば、今まで知らなかったラテンの人々の文化が、目の前に広がります。

　スペイン語を使ってたくさんの新しい世界を一緒に発見しに行きましょう！

著者

目次　contents

読者へのメッセージ ………………………………………………… 2
本書の使い方 ………………………………………………………… 6
アベセダリオ ………………………………………………………… 10
発音 …………………………………………………………………… 11
アクセント …………………………………………………………… 14

第1章 まずはこれだけフレーズ編

Unidad 1	こんにちは …………… 16	Unidad 2	さようなら …………… 18
Unidad 3	お元気ですか? ……… 20	Unidad 4	はい／いいえ ………… 24
Unidad 5	すみませんが… ……… 26	Unidad 6	何ですか? …………… 28
Unidad 7	ありがとう …………… 32	Unidad 8	ごめんなさい ………… 36
Unidad 9	～といいます ………… 40	Unidad 10	～歳です ……………… 44

● コラム　便利な表現 ❶ ……………………………………………… 48

第2章 基本フレーズ編

Unidad 11	～がほしいのですが …… 50	Unidad 12	～はありますか? ………… 54
Unidad 13	～が好きです ……………… 58	Unidad 14	～してもらえますか? …… 62
Unidad 15	～してもいいですか? …… 66	Unidad 16	～しませんか? …………… 70
Unidad 17	～するつもりです ………… 74	Unidad 18	～しなければなりません … 78
Unidad 19	～は何ですか? …………… 82	Unidad 20	どの～ですか? …………… 86
Unidad 21	～はどこですか? ………… 90	Unidad 22	いつ～しますか? ………… 94
Unidad 23	どのように～しますか? … 98	Unidad 24	いくらですか? …………… 102
Unidad 25	どうして～ですか? ……… 106		

● コラム　便利な表現 ❷ ……………………………………………… 110

第3章 便利な動詞編

Unidad 26	ser を使った表現 ………… 112	Unidad 27	tener を使った表現 ……… 114
Unidad 28	ir を使った表現 …………… 116	Unidad 29	hacer を使った表現 …… 120
Unidad 30	tomar を使った表現 …… 122		

● コラム　便利な表現 ❸ ……………………………………………… 126

第4章 シーン編

- **Unidad 31** 機内 ………………………… 128　**Unidad 32** 空港 ………………………… 130
- **Unidad 33** 乗り物 …………………………………………………………………………… 132
  - 1. 地下鉄に乗る　　2. 鉄道に乗る
  - 3. バスに乗る　　　4. タクシーに乗る
- **Unidad 34** ホテル …………………………………………………………………………… 142
  - 1. 予約する　　　　2. チェックイン／チェックアウト
- **Unidad 35** レストラン ……………………………………………………………………… 146
  - 1. 予約する／店に入る　2. 注文する／味わう
- **Unidad 36** 軽食 ……………………………………………………………………………… 150
  - 1. カフェ　　　　　2. ファストフード
- **Unidad 37** 買い物 …………………………………………………………………………… 158
  - 1. デパート　　　　2. 市場
- **Unidad 38** 観光 ……………………………………………………………………………… 162
  - 1. 美術館　　　　　2. サッカー観戦
  - 3. 道をたずねる　　4. 写真撮影
- **Unidad 39** 日常 ……………………………………………………………………………… 174
  - 1. 夕食への招待　　2. 週末の予定
- **Unidad 40** トラブル ………………………………………………………………………… 178
  - 1. 病気　　　　　　2. 盗難

- ● 文法コーナー ………………………………………………………………………………… 186
  - 1. 名詞　　　　2. 冠詞　　　　3. 形容詞　　　　4. 指示形容詞
  - 5. 所有形容詞　6. 人称代名詞　7. 動詞　　　　　8. 文の形

- ● 巻末付録　**イラスト単語集** ………………………………………………………………… 195
  - 01 ホテル　　　02 交通手段　　03 街　　　　　04 洋服
  - 05 靴　　　　　06 小物　　　　07 料理　　　　08 飲み物
  - 09 食品　　　　10 身体の部分　11 家族　　　　12 数／序数詞
  - 13 月／曜日　　14 時間　　　　15 天気　　　　16 季節

本書の使い方

本書は全4章の構成になっています。

第1章　まずはこれだけフレーズ編
第2章　基本フレーズ編
第3章　便利な動詞編
第4章　シーン編

まずは、①これだけは覚えておきたいフレーズを覚える→②よく使う言い回しを練習→③知っていると便利な動詞を学習→④具体的なシーンダイアローグで実践練習していきます。

シーン編以外では、最初に基本例文をチェックしたあとに、そのフレーズに合わせたトレーニングを用意しています。トレーニングの種類は3種類です。

各ユニット基本ページ

基本例文　日本語 ▶ スペイン語

基本例文
まずは例文を読んで、フレーズの使い方を学習しましょう。

会話のポイント
各フレーズをそれぞれ解説しています。理解を深めて、知識を定着させましょう。

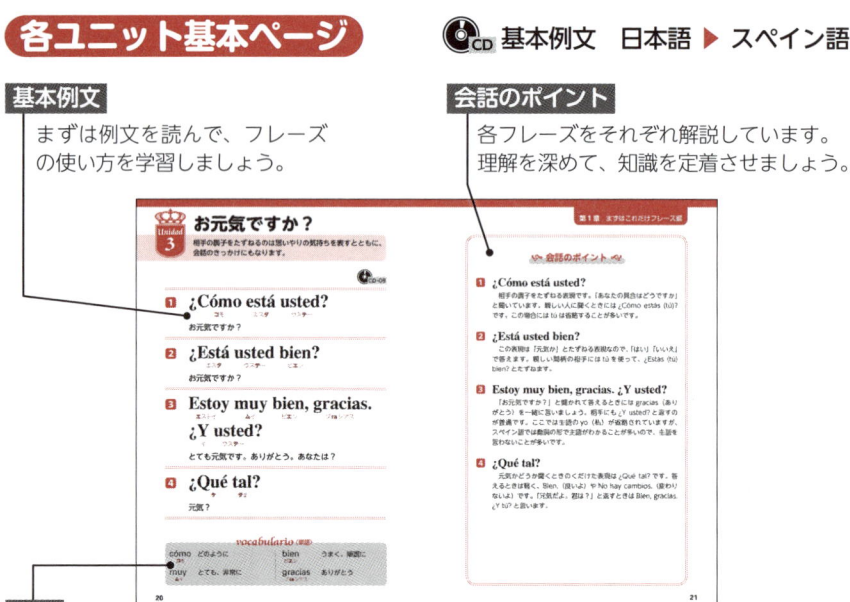

単語
基本例文中でわかりにくい単語をピックアップしています。

スペイン語作文トレーニング 🎧CD 日本語 ▶ (ポーズ) ▶ スペイン語

日本語 左ページの日本語を見て、スペイン語の文を考えてみましょう。出だしのワードをヒントとして載せているので、難しいときはそれを参考にしてください。

スペイン語 正しいスペイン語の文がつくれたかどうか、音声を聞きながら確認しましょう。

置き換えトレーニング 🎧CD　メインフレーズ　日本語 ▶ スペイン語
　　　　　　　　　　　　　　　置き換えフレーズ　日本語 ▶ スペイン語

置き換え練習 いろいろな単語に置き換えて練習してみましょう。

メインフレーズ 置き換えをしないメインとなる部分のフレーズです。

単語 他によく使いそうな単語を紹介しています。自力で練習してみましょう。

7

第4章 シーン編   ダイアローグ　スペイン語のみ

シーン　各ユニットのテーマに合わせたシーンのダイアローグです。
3章までで学習したフレーズの応用です。

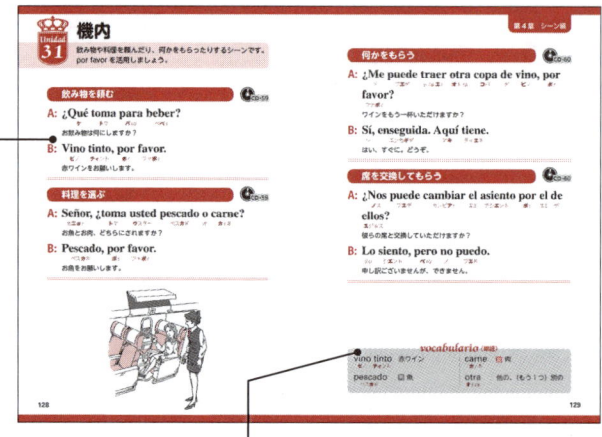

単語　つまずきそうな単語をピックアップしています。
わからない単語はここでチェックしてください。

音読ロールプレイ　　ダイアローグ通し ▶ 1回目 ▶ 2回目　スペイン語のみ

日本語　赤字の日本語部分が自分のパートになります。1回目と2回目でパートが逆になります。
ポーズになっているので、自力で発話してみましょう。

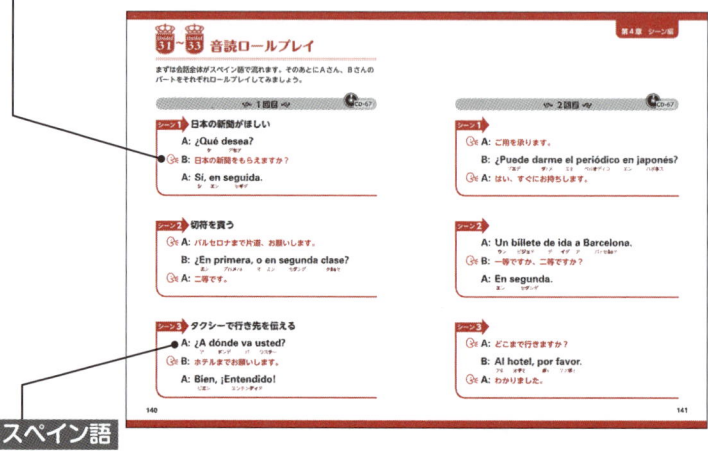

スペイン語　スペイン語部分は相手のパートになります。

巻末単語集 ※音声ダウンロード

全16テーマの単語をイラスト付きで紹介しています。
①ホテル　②交通手段　③街　④洋服　⑤靴　⑥小物　⑦料理　⑧飲み物　⑨食品
⑩身体の部分　⑪家族　⑫数／序数詞　⑬月／曜日　⑭時間　⑮天気　⑯季節

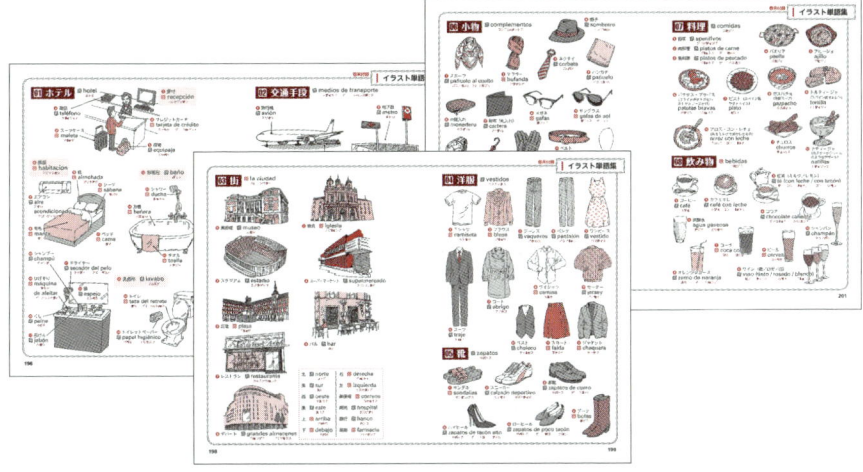

音声ダウンロードのしかた

STEP1. 商品ページにアクセス！　方法は次の3通り！
- QRコードを読み取ってアクセス。
- https://www.jresearch.co.jp/book/b282576.html を入力してアクセス。
- Jリサーチ出版のホームページ（https://www.jresearch.co.jp/）にアクセスして、「キーワード」に書籍名を入れて検索。

STEP2. ページ内にある「音声ダウンロード」ボタンをクリック！

STEP3. ユーザー名「1001」、パスワード「22310」を入力！

STEP4. 音声の利用方法は2通り！　学習スタイルに合わせた方法でお聴きください！
- 「音声ファイル一括ダウンロード」より、ファイルをダウンロードして聴く。
- ▶ボタンを押して、その場で再生して聴く。

※ダウンロードした音声ファイルは、パソコン・スマートフォンなどでお聴きいただくことができます。
一括ダウンロードの音声ファイルは.zip形式で圧縮してあります。解凍してご利用ください。ファイルの解凍が上手く出来ない場合は、直接の音声再生も可能です。
音声ダウンロードについてのお問合せ先：toiawase@jresearch.co.jp（受付時間：平日9時～18時）

アベセダリオ

　スペイン語のアルファベットは「アベセダリオ」といいます。英語のアルファベットと比べると、文字は Ñ(ñ) が1つ多くあり、全部で27個あります。英語のアルファベットとは読みが異なるので気をつけましょう。

Aa ア	**Bb** ベ	**Cc** セ	**Dd** デ
Ee エ	**Ff** エフェ	**Gg** ヘ	**Hh** アチェ
Ii イ	**Jj** ホタ	**Kk** カ	**Ll** エle
Mm エメ	**Nn** エネ	**Ññ** エニェ	**Oo** オ
Pp ペ	**Qq** ク	**Rr** エrre	**Ss** エセ
Tt テ	**Uu** ウ	**Vv** ウベ	**Ww** ウベ・ドブレ
Xx エキス	**Yy** イ・グリエガ	**Zz** セタ	

発 音

5つの母音

各音節が母音で終わることが多いのが、スペイン語の発音の特徴です。それも、5つの母音（a,e,i,o,u）が中心なので、日本語にとてもよく似ています。

日本語とほぼ同じ発音でOK

日本語よりもっと強く、口をとがらせて明確に発音

a ア　**e** エ　**i** イ　**o** オ　**u** ウ

二重母音と三重母音

a,e,o は強母音で、強母音同士は連続しても二重母音にならず、それぞれの音が独立して発音されます。i,u は弱母音で、ほかの母音と結び付くと、二重母音、三重母音となり、一体化して発音されます。

二重母音

● 弱母音＋強母音　**ia, ua, ie, ue, io, uo**

Australia （オーストラリア）
アウスト**ra**ℓiア

estadio （スタジアム）
エス**タ**ディオ

● 強母音＋弱母音　**ai, ei, oi, au, eu, ou**

Buenos Aires （ブエノスアイレス）
ブ**エ**ノス　**アィ** re ス

Europa （ヨーロッパ）
エゥ **ro** パ

Austria （オーストリア）
アゥスト ri ア

● 弱母音＋弱母音　**ui, iu**

ciudad （都市）
シゥ**ダ**ー

三重母音

● 弱母音＋強母音＋弱母音　**iai, uai(uay), iei, uei**

Paraguay （パラグアイ）
パ ra **グアィ**

子音

	a	e	i	o	u	発音のポイントと単語例
b	ba バ	be ベ	bi ビ	bo ボ	bu ブ	**B**arcelona（バルセロナ） バrセ**l**oナ
c	ca カ	ce セ	ci シ	co コ	cu ク	c は、e と i の前では英語の th または s の音になる。その他の母音の前では k の音。 **C**ervantes（セルバンテス） セrバンテス
ch	cha チャ	che チェ	chi チ	cho チョ	chu チュ	**ch**ocolate（チョコレート） チョコ**l**aテ
d	da ダ	de デ	di ディ	do ド	du ドゥ	**D**ante（ダンテ） ダンテ
f	fa ファ	fe フェ	fi フィ	fo フォ	fu フ	**f**amilia（家族） ファミ**l**iア
g	ga ガ	gue ゲ	gui ギ	go ゴ	gu グ	**G**alápagos（ガラパゴス） ガ**l**aパゴス
g		ge ヘ	gi ヒ			g は、e と i の前では息をのどの奥から強く出してハ行の子音を発音する。 **g**eneral（一般的な） ヘネra**l**
g	gua グア	güe グエ	güi グイ	guo グオ	guu グウ	güe と güi の「¨」の符号は「ゲ」「ギ」ではなく、「グエ」「グイ」と読むことを示す符号。 **l**ingüística（言語学） **l**イングイスティカ
h	ha ア	he エ	hi イ	ho オ	hu ウ	h は常に発音しない。 **h**onesto（正直） オネスト
j	ja ハ	je ヘ	ji ヒ	jo ホ	ju フ	j は、e と i の前の g と同じく、息をのどの奥から強く出してハ行の子音を発音する。 **J**apón（日本） ハポン
k	ka カ	ke ケ	ki キ	ko コ	ku ク	**k**ilómetro（キロメートル） キ**l**oメトro
l	la ラ	le レ	li リ	lo ロ	lu ル	**L**a Mancha（ラ・マンチャ） **l**a マンチャ
ll	lla ジャ（ヤ）	lle ジェ（イエ）	lli ジ（イ）	llo ジョ（ヨ）	llu ジュ（ユ）	ll は、ジャ行またはヤ行の音で、地域によって揺れがある。 **ll**ave（鍵） ジャベ

	a	e	i	o	u	発音のポイントと単語例
m	ma マ	me メ	mi ミ	mo モ	mu ム	**Ma**drid（マドリード） マド**ri**ッ
n	na ナ	ne ネ	ni ニ	no ノ	nu ヌ	**Ni**caragua（ニカラグア） ニカ**ra**グア
ñ	ña ニャ	ñe ニェ	ñi ニ	ño ニョ	ñu ニュ	ñはニャ行の音になる。 E**spañ**a（スペイン） エス**パ**ニャ
p	pa パ	pe ペ	pi ピ	po ポ	pu プ	**Pe**rú（ペルー） ペ**ru**
q		que ケ	qui キ			**Qui**to（キトーエクアドルの首都） **キ**ト
r	ra ラ	re レ	ri リ	ro ロ	ru ル	A**mé**rica（アメリカ） ア**メ**ri カ
rr	rra ラ	rre レ	rri リ	rro ロ	rru ル	rrは、江戸っ子の「べらんめえ」口調のような巻き舌発音。 te**rre**moto（地震） テ**rre**モト
s	sa サ	se セ	si シ	so ソ	su ス	**Só**crates（ソクラテス） **ソ**クraテス
t	ta タ	te テ	ti ティ	to ト	tu トゥ	**To**ledo（トレド） ト**ℓe**ド
v	va バ	ve ベ	vi ビ	vo ボ	vu ブ	ヴァ行の音ではなく、日本語のバ行の音。 **Va**lencia（バレンシア） バ**ℓe**ンシア
w	wa ワ	we ウェ	wi ウィ	wo ウォ	wu ウ	バの発音をすることもあるが、最近はワ行で発音することが多い。 **wa**terpolo（水球） ワテr**ポ**ℓo
x	xa サ	xe セ	xi シ	xo ソ	xu ス	e**xa**men（試験） エク**サ**メン
y	ya ジャ(ヤ)	ye ジェ(エ)	yi ジ(イ)	yo ジョ(ヨ)	yu ジュ(ユ)	ジャ行またはヤ行の音で、地域によって揺れがある。 Para**guay**（パラグアイ） パra**グアイ**
z	za サ	ze セ	zi シ	zo ソ	zu ス	zは、eとiの前のcと同様に、英語のthまたはsの音になる。 **Az**teca（アステカ） アス**テ**カ

＊本書ではℓとrの音はカタカナではなく、音の区別をはっきりさせるため、アルファベットで表記しています。

アクセント

スペイン語のアクセントの規則は3つありますが、とても簡単です。

---

① 母音（a,e,i,o,u）もしくは s/n で終わる単語は、
後ろから2番目の音節にアクセントを置きます。

---

se-ño-ri-ta (お嬢さま、若い女性)
セニョriタ

jo-ven (若い)
ホベン

pa-se-o (散歩)
パセオ

pa-ra-guas (傘)
パraグアス

---

② s/n 以外の子音で終わる単語は、
最後の音節にアクセントを置きます。

---

ver-dad (真実)
ベrダー

na-riz (鼻)
ナriス

pa-pel (紙)
パペl

---

③ アクセント符号「´」があれば、
その音節にアクセントを置きます。

---

ca-fé (コーヒー)
カフェ

Ja-pón (日本)
ハポン

mú-si-ca (音楽)
ムシカ

ár-bol (木)
アrボl

第1章

まずはこれだけ フレーズ編

あいさつやお礼、お詫びの表現など、「まずはこれだけ覚えよう！」といったお決まりフレーズです。コミュニケーションの基本表現なので、しっかりと声に出して練習しましょう。

こんにちは

会話を始めるためには、まずは気持ちのいいあいさつから。恥ずかしからずに元気に言いましょう！

1 **Buenos días.**
ブエノス　ディアス
おはよう。

2 **Buenas tardes.**
ブエナス　タrデス
こんにちは。（暗くなるまで）

3 **Buenas noches.**
ブエナス　ノチェス
こんばんは。（暗くなってから）

4 **¡Hola!**
オla
やあ！

5 **Mucho gusto.**
ムチョ　グスト
はじめまして。

第 1 章　まずはこれだけフレーズ編

〜 会話のポイント 〜

1 Buenos días.

　Buenos días. は昼食前に使うあいさつ表現なので、日本語だと「おはよう」の意味に近いです。

2 Buenas tardes.

　昼食後で暗くなるまでの時間なら、Buenas tardes. を使います。スペインではレストランやお店などに入るとき、あいさつをするのが一般的なので、どんどん使いましょう。

　知らない人に使う場合には、Buenas tardes. のあとに señor/señora/señorita をつけたほうが良いです。señor は男性、señora は既婚の女性、señorita は未婚の女性に使う敬称です。señora と señorita でどちらを使えばいいか迷ったら、señora を使いましょう。

3 Buenas noches.

　暗くなってから、もしくは夕食後の場合には、Buenas noches. を使います。

4 ¡Hola!

　¡Hola! は親しい仲でのくだけたあいさつとして使います。¡Hola! は時間帯に関係なく、いつでも使うことができます。¡Hola! のあとに、Buenos días. や Buenas tardes. を続けたりもします。

5 Mucho gusto.

　初対面のあいさつのときの表現です。Encantado/Encantada も同様の意味で、男性が話す際にはエンカン**タ**ド、女性が話す際にはエンカン**タ**ダとなります。

さようなら

「さようなら」と一緒に「じゃあね！」「また明日！」など、いろいろな別れのあいさつを覚えましょう。

1 **Adiós. / Hasta la vista.**
アディオス　　アスタ　la　ビスタ
さようなら。／またね！

2 **Buenas noches.**
ブエナス　　ノチェス
さようなら。／おやすみなさい。

3 **Hasta luego.**
アスタ　　ルエゴ
じゃあね！

4 **Hasta mañana.**
アスタ　　マニャナ
また明日！

5 **Que pase usted buen día.**
ケ　　パセ　　ウステー　　ブエン　　ディア
よい一日を！

第 1 章　まずはこれだけフレーズ編

〜 会話のポイント 〜

1 Adiós. / Hasta la vista.

Hasta la vista. は直訳すると「会うまで」。つまり「また会うときまで」という意味で、別れるときのあいさつとして使います。

2 Buenas noches.

Buenas noches. は Unidad1 ③（p.16）で「こんばんは」の意味で出てきた表現ですが、暗くなってから別れるときの「さようなら」としても使われます。「おやすみなさい」の意味で使われることもあります。

3 Hasta luego.

luego は「あとで」を表す副詞です。「またあとで」という意味のカジュアルな表現です。

4 Hasta mañana.

「Hasta +（日にちや時間など、次に会う予定の時）」で、「また〜に」という意味になります。

▶ **Hasta pronto.**（また近いうちに）
　アスタ　プロント

　Hasta la semana próxima.（また来週）
　アスタ　la　セマナ　プロクシマ

5 Que pase usted buen día.

親しい人に使うときには Que pases buen día. となります。pasar は「過ごす」という意味の動詞ですが「tener（持つ）」を使って、Que tenga buen día. という表現もできます。

▶ **Que pase buena tarde.**（よい午後を）
　ケ　パセ　ブエナ　タrデ

　Que pase buenas vacaciones.（よい休暇を）
　ケ　パセ　ブエナス　バカシオネス

お元気ですか？

相手の調子をたずねるのは思いやりの気持ちを表すとともに、会話のきっかけにもなります。

1 ¿Cómo está usted?
コモ　エス**タ**　ウス**テ**ー

お元気ですか？

2 ¿Está usted bien?
エス**タ**　ウス**テ**ー　ビ**エ**ン

お元気ですか？

3 Estoy muy bien, gracias.
エストイ　ム**イ**　ビ**エ**ン　グraシアス

¿Y usted?
イ　ウス**テ**ー

とても元気です。ありがとう。あなたは？

4 ¿Qué tal?
ケ　タℓ

元気？

vocabulario 〈単語〉

cómo コモ	どのように	bien ビ**エ**ン	うまく、順調に
muy ム**イ**	とても、非常に	gracias グraシアス	ありがとう

20

会話のポイント

1 ¿Cómo está usted?

相手の調子をたずねる表現です。「あなたの具合はどうですか」と聞いています。親しい人に聞くときには ¿Cómo estás (tú)? です。この場合には tú は省略することが多いです。

2 ¿Está usted bien?

この表現は「元気か」とたずねる表現なので、「はい」「いいえ」で答えます。親しい間柄の相手には tú を使って、¿Estás (tú) bien? とたずねます。

3 Estoy muy bien, gracias. ¿Y usted?

「お元気ですか？」と聞かれて答えるときには gracias（ありがとう）を一緒に言いましょう。相手にも ¿Y usted? と返すのが普通です。ここでは主語の yo（私）が省略されていますが、スペイン語では動詞の形で主語がわかることが多いので、主語を言わないことが多いです。

4 ¿Qué tal?

元気かどうか聞くときのくだけた表現は ¿Qué tal? です。答えるときは軽く、Bien.（良いよ）や No hay cambios.（変わりないよ）です。「元気だよ。君は？」と返すときは Bien, gracias. ¿Y tú? と言います。

Unidad 1～Unidad 3 スペイン語作文トレーニング

日本語からスペイン語への転換練習です。日本語が聞こえたらポーズが入るので、スペイン語を話してみましょう。

1 こんにちは。
⇒ Buenas _ _ _ _ _ _.

2 お元気ですか？
⇒ ¿Cómo ～

3 やあ、元気？
⇒ ¡Hola! _ _ _ _ _ _

4 さようなら。
⇒ A_ _ _ _.

5 よい一日を！
⇒ Que ～

6 またね！
⇒ Hasta _ _ _ _ _.

22

第1章　まずはこれだけフレーズ編

Buenas tardes.
ブエナス　タrデス

☺ 定番のあいさつ表現です。

¿Cómo está usted?
コモ　エスタ　ウステー

☺ Cómo はいろいろな場面で使えます。

¡Hola! ¿Qué tal?
オla　ケ　タl

☺ 親しい仲で使うくだけた表現です。

Adiós.
アディオス

☺ 後ろに señor や señora をつけてよく使います。

Que pase usted buen día.
ケ　パセ　ウステー　ブエン　ディア

☺ 別れのあいさつの定番表現です。

Hasta luego.
アスタ　luエゴ

☺ 「また会いましょう」と別れるときに使う表現です。

23

はい／いいえ

「〜ですか」と聞かれたときに、答えるときの表現を覚えましょう。まずは大事な Sí と No です。

1 **Sí.**
シ
はい。

2 **No.**
ノ
いいえ。

第 1 章　まずはこれだけフレーズ編

会話のポイント

1 Sí.

「～ですか？」という質問に「はい」と答えたいときは sí を使います。

▶ **¿Eres japonés?**（日本人（男性）ですか？）
　エ re ス　ハポ**ネ**ス
　Sí, soy japonés.（はい、日本人（男性）です）
　シ　ソイ　ハポ**ネ**ス

japonés は日本人男性、japonesa と語尾に a が付くと、日本人女性を表します。

また、「～ではありませんか？」と、問いかけが否定文の際にも、答えが肯定ならば sí を使います。日本語では「いいえ」を使うので間違えやすいです。気をつけましょう。

▶ **¿No es usted japonés?**（日本人（男性）ではありませんか？）
　ノ　エスウステー　ハポ**ネ**ス
　Sí, (yo) soy japonés.（いいえ、日本人（男性）です）
　シ　ジョ　ソイ　ハポ**ネ**ス

上記の場合「はい、日本人ではありません」と答えるなら、No, no soy japonés. となります。

2 No.

「～ですか？」という質問に「いいえ」と答えたいときは No を使います。

▶ **¿Eres japonés?**（日本人（男性）ですか？）
　エ re ス　ハポ**ネ**ス
　No, no soy japonés.（いいえ、日本人（男性）ではありません）
　ノ　ノ　**ソ**イ　ハポ**ネ**ス

否定文では動詞の前に no を付けます。

すみませんが…

「お願いします」「ちょっと、すみませんが…」と呼びかける表現を覚えましょう。

1 **Perdón.** ↘
ペrドン

すみませんが。

2 **Perdone.**
ペルドネ

すみません。

3 **Por favor.**
ポr　　ファボr

お願いします。

会話のポイント

1 Perdón.

聞き返すときの表現としても使いますが、人に呼びかける表現としても使います。聞き返すときとは異なり、下げ調子のイントネーションで言います。

レストランや売り場などで、こちらに気が付かない店員さんに注意を向けてほしいときなどにも使います。

2 Perdone.

Perdone. は「すみません」と謝る表現としても使いますが、呼びかけにも使われます。Perdón. よりも少し丁寧な言い方になります。

3 Por favor.

何かを頼んだり注文したりするときに使います。

▶ **Un café, por favor.**（コーヒーをお願いします）
　ウン カフェ ポr ファボr

何ですか？

相手の言ったことが聞き取れなかったときに、聞き返す表現です。

1 **¿Perdón?** ↗
ペル**ド**ン

何ですか？

2 **¿Cómo?** ↗
コモ

何ですか？

3 **¿Puede usted repetir?**
プ**エ**デ　　ウス**テ**ー　　rreペ**ティ**r

もう一度言ってもらえますか？

vocabulario 〈単語〉

puede プ**エ**デ	poder（できる）の三人称単数形
repetir rreペ**ティ**r	繰り返して言う

会話のポイント

1 ¿Perdón?

相手の言ったことが聞き取れなかったときに、丁寧に聞き返す表現です。文末のイントネーションは上げ調子で言います。下げるイントネーションで言うと、謝るときなどに使う表現になります。

2 ¿Cómo?

¿Cómo? は ¿Perdón? より、少しくだけた表現です。これも文末を上げ調子で言います。下げると、「どうですか」と調子を聞いたり、方法を聞いたりする表現になります。

▶ **Vaya a la estación.**（駅に行ってください）
バジャ ア la エスタシ**オ**ン

¿Cómo? ↗（えっ何ですか？）※よく聞こえなかったとき
¿Cómo? ↘（どうやって？）※方法を知りたいとき

3 ¿Puede usted repetir?

「言ったことを繰り返してほしい」とはっきり伝えたいときに使います。さらに丁寧に言いたいときには以下のような表現も使えます。

▶ **¿Podría usted repetir?**（繰り返していただけますか？）
ポド**リ**ア ウス**テ**ー rreペ**ティ**r

親しい相手には

▶ **¿Puedes repetir?**（繰り返してくれる？）
プ**エ**デス rreペ**ティ**r

と言います。

 **スペイン語作文トレーニング**

日本語からスペイン語への転換練習です。日本語が聞こえたらポーズが入るので、スペイン語を話してみましょう。

1 (「日本人ですか?」と聞かれて)
　はい、日本人（男性）です。
　⇒ Sí, ～

2 (「日本人ではありませんか?」と聞かれて)
　いいえ、日本人（女性）です。
　⇒ Sí, ～

3 (丁寧に) 何ですか？
　⇒ ¿P_ _ _ _ _?

4 (軽い調子で) 何ですか？
　⇒ ¿C_ _ _?

5 お願いします。
　⇒ Por _ _ _ _ _.

6 すみませんが。
　⇒ P_ _ _ _ _.

第1章　まずはこれだけフレーズ編

Sí, soy japonés.
シ　　ソイ　　　ハポ**ネ**ス

☺「はい」は Sí、「いいえ」は No です。

Sí, soy japonesa.
シ　　ソイ　　　ハポ**ネ**サ

☺主文が肯定のときは、Sí を使います。

¿Perdón? ↗
　　　ペr**ド**ン

☺上げ調子で言います。

¿Cómo? ↗
　　コモ

☺上げ調子で言います。

Por favor.
ポr　　ファ**ボ**r

☺いろいろな場面で使える表現です。

Perdón. ↘
　ペr**ド**ン

☺下げ調子で言います。

31

ありがとう

Unidad 7

相手に感謝の気持ちを伝えることはとても大切です。また自分が感謝されたときには De nada. と返しましょう。

1 Gracias.
グraシアス

ありがとう。

2 Gracias por su carta.
グraシアス　ポr　ス　カrタ

手紙をありがとう。

3 Le agradezco su invitación.
ℓe　アグraデスコ　ス　インビタシオン

ご招待をありがとうございます。

4 De nada.
デ　ナダ

どういたしまして。

---

vocabulario 〈単語〉

carta カrタ	女 手紙	invitación インビタシオン	女 招待
agradezco アグraデスコ	agradecer（感謝する）の一人称単数形	nada ナダ	何も（〜ない）

第1章　まずはこれだけフレーズ編

会話のポイント

1 Gracias.

　お礼を言うときの基本表現です。señor/señora/señorita をつけると、より丁寧です。muchas（たいへん、とても）をつけた Muchas gracias. もよく使われる表現です。

2 Gracias por su carta. 　Gracias por + 名詞

　「〜をありがとう」と言うときには、gracias のあとに「por + 名詞」を付けます。名詞には冠詞などを付けるのを忘れないように。

3 Le agradezco su invitación.

　動詞 agradecer（感謝する）を使った表現です。Gracias. を使うよりも少しかしこまった感じで、書くときに使うことが多いです。

4 De nada.

　お礼を言われて、軽く返すときの表現です。「どういたしまして」の意味で一番よく使われます。No hay de qué. も同様の表現で、「感謝する必要は何もないよ」といったニュアンスです。

# 置き換えトレーニング

一部分を置き換えればいろんな場面で使うことができます。いろんな単語で練習してみましょう。

CD・15

～をありがとう
Gracias por ～.
グラシアス　ポr

プレゼントを	**Gracias por el regalo.** グラシアス　ポr　エl　rreガlo
電話を	**Gracias por la llamada.** グラシアス　ポr　la　ジャマダ
花を	**Gracias por las flores.** グラシアス　ポr　las　フloreス
本を	**Gracias por el libro.** グラシアス　ポr　エl　liブro

---

vocabulario こんな単語も置き換えて練習！

連絡　男 contacto
　　　　コンタクト

説明　女 explicación
　　　　エクスplicaシオン

案内　女 guía
　　　　ギア

優しさ　女 amabilidad
　　　　アマビliダー

34

第1章　まずはこれだけフレーズ編

～をどうもありがとうございます
Muchas gracias por ～.
ムチャス　　グraシアス　　ポr

手紙を	**Muchas gracias por su carta.** ムチャス　グraシアス　ポr　ス　カrタ
シャンパンを	**Muchas gracias por el champán.** ムチャス　グraシアス　ポr　エl チャンパン
写真を	**Muchas gracias por las fotos.** ムチャス　グraシアス　ポr　laス　フォトス
助けてくれて (助力を)	**Muchas gracias por su ayuda.** ムチャス　グraシアス　ポr　ス　アジュダ

vocabulario こんな単語も置き換えて練習！

招待　　女 invitación　　　　ごちそう　女 buena comida
　　　　　インビタシオン　　　　　　　　　　　ブエナ　　コミダ

いろいろと　todo/toda　　　　ワイン　男 vino
　　　　　　トド　　トダ　　　　　　　　　　ビノ

35

ごめんなさい

謝る表現にもいろいろなものがあります。状況に合わせて使えるようにしましょう。

1 Perdón.
ペrドン

ごめんなさい。

2 Perdóneme.
ペrドネメ

すみません。

3 Perdone por olvidar la cita.
ペrドネ　ポr　オℓビダr　ℓa　シタ

（会う）約束を忘れてすみません。

4 Lo siento.
ℓo　シエント

申し訳ありません。

5 No importa.
ノ　インポrタ

大丈夫です。

vocabulario 〈単語〉

| olvidar 忘れる
オℓビダr | importa importar（重要である）の三人称単数形
インポrタ |

🕮 会話のポイント 🕮

1 Perdón.

軽く「ごめんなさい」と謝るときに Perdón. を使います。謝るときは下げ調子で言います。

2 Perdóneme.

Perdón. よりも丁寧な表現です。自分がしてしまったことに対して謝るときに使います。por をつけると、「～してすみません」と具体的な表現ができます。

> ▶ **Perdóneme por el retraso.** (遅れてすみません)
> ペrド**ネ**メ　**ポ**r エl rreト**ra**ソ

3 Perdone por olvidar la cita.

`Perdone por + 動詞の原形`

Perdone por ～を使って、「～してすみません」という意味になります。Perdone por のあとには動詞の原形や名詞を続けます。

4 Lo siento.

直訳すると、「私が申し訳なく思う」という意味で、少し改まった謝罪の表現になります。

5 No importa.

相手に謝られたときに「大丈夫です（大したことではありません）」と答える表現です。

Unidad 8 置き換えトレーニング

一部分を置き換えればいろんな場面で使うことができます。いろんな単語で練習してみましょう。

CD・17

～してすみません
Perdone por ～.
ペル**ド**ネ　　**ポ**r

邪魔して	**Perdone por molestarle.** ペr**ド**ネ　　**ポ**r　　モleス**タ**rle
話をさえぎって	**Perdone por interrumpirle.** ペr**ド**ネ　　**ポ**r　　インテrruン**ピ**rle
待たせて	**Perdone por hacerle esperar.** ペr**ド**ネ　　**ポ**r　　ア**セ**rle　エスペrar
遅れて	**Perdone por mi retraso.** ペr**ド**ネ　　**ポ**r　ミ　rreト**ra**ソ

vocabulario こんな単語も置き換えて練習！

ぶつかる　chocar
　　　　　チョ**カ**r

怒る　enfadar
　　　エンファ**ダ**r

迷惑をかける　molestar
　　　　　　　モleス**タ**r

走る　correr
　　　コ**rre**r

Perdone que 〜.

　Perdone por 〜は「〜してすみません」と自分がやってしまったことに対して謝るときに使いますが、Perdone que 〜を使って、これから自分がやることに対して謝ることもできます。
　例えば、

Perdone que le moleste.
ペrド**ネ**　　ケ　**l**e　モ**l**e**e**ステ

　「邪魔してすみません」という意味ですが、これから自分が相手に何かするときに使います。一生懸命何かに集中しているところに話しかけたり、何か作業しているところを中断させたりするときなどです。「ちょっとすみません」という感じで使います。

Perdone que le interrumpa.
ペrド**ネ**　　ケ　**l**e　インテ**rru**ンパ

　こちらは「さえぎってすみません」といったニュアンスですが、話している途中で相手の話をさえぎって入ったりするときなどに使います。

Perdone que pase antes que usted.
ペrド**ネ**　　ケ　**パ**セ　**アン**テス　ケ　ウス**テ**ー

　「先に失礼します」といった意味で、複数人でいるときに先に部屋に入ったり出たり、エレベーターで先に降りるときなどに使います。

Unidad 9 ～といいます

自分のことを話すときに使う表現を覚えましょう。「～といいます」「～です」といった言い方です。

CD・18

1 Me llamo Tetsuro Koike.
　　メ　　ジャモ　　　テツロー　　コイケ

小池鉄朗といいます。

2 Yo soy Luis García.
　　ジョ　ソイ　ℓuイス　　ガrシア

私はルイス・ガルシアです。

3 Soy japonés.
　　ソイ　　ハポネス

日本人（男性）です。

4 Soy estudiante.
　　ソイ　　エストゥディアンテ

学生です。

vocabulario 〈単語〉

japonés 男 ハポネス japonesa 女 ハポネサ	日本の、日本人の	estudiante エストゥディアンテ	学生

会話のポイント

1 **Me llamo Tetsuro Koike.**　Me llamo ＋名前

　自分の名前を言う表現です。Me llamo 〜は「私の名前は〜です」という意味で、Me llamo のあとに名前を続けて言います。

2 **Yo soy Luis García.**　Yo soy ＋名前

　「私は〜です」という表現の場合には、Yo soy のあとに名前を続けます。
　名前を聞く表現も覚えましょう。下はくだけた表現です。

　　▶ **¿Cómo se llama usted?**（お名前はなんといいますか？）
　　　　コモ　セ　ジャマ　ウステー
　　　¿Cómo te llamas?（名前はなんていうの？）
　　　　コモ　テ　ジャマス

3 **Soy japonés.**　soy ＋国籍など

　soy を使って、国籍・職業などを言うことができます。

4 **Soy estudiante.**　soy ＋名詞

　soy を使って自分の身分を表現することができます。この estudiante には冠詞がついていませんが、身分を表す場合などでは冠詞をつけないことがあります。

Unidad 9 置き換えトレーニング

一部分を置き換えればいろんな場面で使うことができます。いろんな単語で練習してみましょう。

CD・19

（私は）〜といいます
Me llamo 〜.
メ　ジャモ

エミリアと	**Me llamo Emilia.** メ　ジャモ　エミℓiア
ジャックと	**Me llamo Jack.** メ　ジャモ　ジャック
戸田真緒と	**Me llamo Mao Toda.** メ　ジャモ　マオ　トダ
アントニオと	**Me llamo Antonio.** メ　ジャモ　アントニオ

豆知識！ Me llamo と Soy

　どちらも自分の名前を名乗るときに使うことができますが、自己紹介をするときに使うのは基本的に Me llamo 〜. です。自己紹介をするためではなく、単純に名乗りたいときには Soy 〜. を使います。

第1章　まずはこれだけフレーズ編

CD・19

（私は）〜です
Soy 〜.
ソイ

スペイン人	**Soy español[española].** ソイ　エスパニョl　エスパニョla
会社員	**Soy empleado[empleada] de oficina.** ソイ　エンプleアド　エンプleアダ デ　オフィシナ
教師	**Soy profesor[profesora].** ソイ　プroフェソr　プroフェソra
医者	**Soy médico[médica].** ソイ　メディコ　メディカ

vocabulario こんな単語も置き換えて練習！

警察官	agente de policia アヘンテ　デ　ポliシア	公務員	男 empleado oficial エンプleアド　オフィシアl 女 empleada oficial エンプleアダ　オフィシアl
自営業	mi negocio ミ　ネゴシオ		

43

Unidad 10 〜歳です

年齢など、自分のことを伝える表現です。住んでいるところや学んでいることを伝える表現も覚えましょう。

CD・20

1 **Tengo 25 (veinticinco) años.**
　　テンゴ　　　　　　ベインティ**シ**ンコ　　　**ア**ニョス

25歳です。

2 **Tengo dos hermanos.**
　　テンゴ　　ドス　　エr**マ**ノス

兄弟が2人います。

3 **Vivo en Tokio.**
　　ビボ　エン　　**ト**キョ

東京に住んでいます。

4 **Estudio español.**
　　エス**トゥ**ディオ　　エスパ**ニョ**ℓ

スペイン語を勉強しています。

vocabulario〈単語〉

año アニョ	男 年、歳	estudio エス**トゥ**ディオ	estudiar（勉強する）の一人称単数形
hermano エr**マ**ノ	男 兄弟	español エスパ**ニョ**ℓ	男 スペイン語
vivo ビボ	vivir（住む）の一人称単数形		

会話のポイント

1 Tengo 25 (veinticinco) años.

Tengo ＋数詞＋ años

　動詞 tener の基本の意味は「〜を持っている」で、英語でいう have にあたる動詞です。年齢はこの tener を用いて表現します。

2 Tengo dos hermanos.

Tengo ＋数詞＋兄弟関係を表す名詞

　家族構成を表現するときも tener を用いて、「兄弟がいる」「子どもがいる」などと表します。否定文のときには動詞の前に no を付けます。

▶ **(Yo) no tengo hermanos.**（兄弟がいません）
　　ジョ　ノ　**テ**ンゴ　　エr**マ**ノス
　(Yo) no tengo hijos.（子どもがいません）
　　ジョ　ノ　**テ**ンゴ　**イ**ホス

3 Vivo en Tokio.　**Vivo en ＋住んでいるところ**

　動詞 vivir（住む）のあとに「前置詞 en ＋住んでいるところ」を続けます。en が「〜に」という前置詞です。

4 Estudio español.

　動詞 estudiar（勉強する）のあとに、学校で学んでいる専門や自分で勉強していることを名詞で続けます。

Unidad 10 置き換えトレーニング

一部分を置き換えればいろんな場面で使うことができます。いろんな単語で練習してみましょう。

CD・21

〜がいます
Tengo 〜.
テンゴ

弟が1人	**Tengo un hermano menor.** テンゴ　ウン　エrマノ　メノr
妹が2人	**Tengo dos hermanas.** テンゴ　ドス　エrマナス
息子が2人	**Tengo dos hijos.** テンゴ　ドス　イホス
娘が1人	**Tengo una hija.** テンゴ　ウナ　イハ

---

vocabulario こんな単語も置き換えて練習！

祖父母　男 女 abuelo/abuela
　　　　　　アブエlo　アブエla

両親　男 padres
　　　　パドreス

叔母　女 tía
　　　　ティア

叔父　男 tío
　　　　ティオ

46

第1章　まずはこれだけフレーズ編

～を勉強しています
Estudio ～.
エス**トゥ**ディオ

英語	**Estudio inglés.** エス**トゥ**ディオ　イング**l**e**s**
イタリア語	**Estudio italiano.** エス**トゥ**ディオ　イタli**ア**ノ
文学	**Estudio literatura.** エス**トゥ**ディオ　li**t**ra**トゥ**ra
法律	**Estudio derecho.** エス**トゥ**ディオ　デ**re**チョ

vocabulario こんな単語も置き換えて練習！

経済	女 **economía** エコノ**ミ**ア	科学	女 **ciencias** シ**エ**ンシアス
哲学	女 **filosofía** フィロソ**フィ**ア	社会学	女 **sociología** ソシオl o**ヒ**ア

47

便利な表現 ①

気づかいフレーズ

ちょっとしたときに相手にかけたい気づかいフレーズです。別れるときなどにさりげなく使いましょう。

¡Ánimo! アニモ	がんばって！
¡Sigue adelante! シゲ　アデﾗaンテ	これからもがんばって続けてください！
¡Buen viaje! ブエン　ビアへ	よいご旅行を！
¡Buena estancia! ブエナ　エスタンシア	よいご滞在を！
¡Que tengas buen paseo! ケ　テンガス　ブエン　パセオ	道中、気をつけて！
¡Buen retorno! ブエン　rreトrノ	気をつけて帰ってね！
¡Buena suerte! ブエナ　スエrテ	幸運を祈ります！
¡Feliz cumpleaños! フェﾘス　クンプﾚeアニョス	誕生日おめでとう！
¡Feliz Año Nuevo! フェﾘス　アニョ　ヌエボ	明けましておめでとう！

第2章
基本フレーズ編

「〜したい」「〜がほしい」など、日常生活の中でよく使う基本フレーズです。フレーズの一部分を入れ換えれば応用が効く表現なので、どんどん使いましょう。

Unidad 11 〜がほしいのですが

「〜がほしい」「〜したい」といったフレーズを覚えましょう。お店などで頻繁に使う便利な表現です。

CD・22

1 Quisiera una rosquilla.
キシエra　ウナ　rroスキジャ

ドーナツをひとつほしいのですが。

2 Desearía ver a la Sra. García.
デセアria　ベr　ア la　セニョra　ガrシア

ガルシアさんにお会いしたいのですが。

3 Quiero estos zapatos.
キエro　エストス　サパトス

この靴がほしい。

4 Quiero comer paella.
キエro　コメr　パエジャ

パエリアを食べたい。

vocabulario〈単語〉

rosquilla rroスキジャ	女 ドーナツ	zapatos サパトス	男 靴
ver ベr	（人に）会う	comer コメr	食べる
estos エストス	男 これらの		

会話のポイント

1. **Quisiera una rosquilla.** `Quisiera ＋名詞`

　Quisiera に名詞を続けると、「〜がほしいのですが」とやわらかくお願いするニュアンスになります。

2. **Desearía ver a la Sra. García.**
`Desearía ＋動詞の原形`

　Desearía に動詞を続けると、「〜したいのですが」とやわらかく依頼する表現になります。Desearía のあとには、動詞も名詞も続けることができます。

3. **Quiero estos zapatos.** `Quiero ＋名詞`

　「〜がほしい」とはっきり言いたい場合には、動詞 querer を使います。Quiero 〜. は、Quisiera 〜. よりもカジュアルな表現です。

4. **Quiero comer paella.** `Quiero ＋動詞の原形`

　Quiero に動詞を続けると「〜したい」という意味になります。Quisiera comer paella. や Desearía comer paella. より、はっきりとしたニュアンスになります。

Unidad 11 置き換えトレーニング

一部分を置き換えればいろんな場面で使うことができます。いろんな単語で練習してみましょう。

CD・23

～がほしいのですが
Quisiera ～.
　　キシ**エ** ra

バゲット１本	**Quisiera una barra de pan.** キシ**エ**ra　ウナ　**バ**rra　デ　**パ**ン
ヨーグルト１個	**Quisiera un yogur.** キシ**エ**ra　ウン　ヨグr
水	**Quisiera agua.** キシ**エ**ra　**ア**グア
地図	**Quisiera un mapa.** キシ**エ**ra　ウン　**マ**パ

vocabulario こんな単語も置き換えて練習！

パン　男 **pan**
　　　　　パン

薬　　女 **medicina**
　　　　　メディ**シ**ナ

切符　男 **billete**
　　　　　ビ**ジェ**テ

ハンカチ　男 **pañuelo**
　　　　　　　パニュ**エ**ℓo

～したいのですが
Desearía ～.
デセアriア

マドリッドに行く	**Desearía ir a Madrid.** デセアriア　イr　ア　マドriッ
映画を見る	**Desearía ver la película.** デセアriア　ベr　la　ペliクla
あなたと仕事をする	**Desearía trabajar con usted.** デセアriア　トraバハr　コン　ウステー
外国旅行をする	**Desearía visitar el extranjero.** デセアriア　ビシタr　エl　エクストranヘro

vocabulario こんな単語も置き換えて練習！

食べる　comer
コメr

飲む　beber
ベベr

歩く　caminar
カミナr

買う　comprar
コンプrar

Unidad 12

〜はありますか？

動詞 tener や haber を使って、「〜はありますか？」と聞く表現を覚えましょう。

CD・24

1 ¿Tiene usted billetes?
　　ティエネ　　　ウステー　　　ビジェテス

チケットはありますか？

2 ¿Hay un bar por aquí?
　　アイ　ウン　バr　ポr　アキ

この辺りにバルはありますか？

3 No tenemos tarjetas postales.
　　ノ　　テネモス　　タrへタス　　ポスタℓeス

絵ハガキはありません。

4 No hay hoteles cerca de aquí.
　　ノ　アイ　オテℓeス　セrカ　デ　アキ

この近くにホテルはありません。

vocabulario〈単語〉

billete ビジェテ	男 チケット	tarjeta postal タrへタ　ポスタℓ	女 絵ハガキ
bar バr	男 バル	hotel オテℓ	男 ホテル
aquí アキ	ここに、ここで、ここへ	cerca (de) セrカ　デ	(〜の) 近くに

第 2 章　基本フレーズ編

会話のポイント

1 ¿Tiene usted billetes?　`Tiene usted ＋名詞`

　　tiene は動詞 tener の三人称単数の活用形です。意味は「持っている」なので、いろいろな場面で使うことができます。¿Tiene usted ～？は直訳すると、「あなたは～を持っていますか？」です。「(店に)～がありますか？」という意味でも使われます。

2 ¿Hay un bar por aquí?
`Hay ＋名詞＋ por ＋場所`

　　hay は動詞 haber の三人称単数の活用形です。意味は「～がある／～がいる」です。¿Hay ～ por ...? で「…のあたりに～はありますか？」という表現になります。

3 No tenemos tarjetas postales.
`No tenemos ＋名詞`

　　tenemos は動詞 tener の一人称複数形の活用形です。動詞の前に No をつけると否定文となり、「～を持っていません」という意味になります。

4 No hay hoteles cerca de aquí.
`No hay ＋名詞＋場所`

　　hay の前に No をつけて否定すると、「～はありません」という意味になります。cerca de ～で「～の近くに」という意味です。

　　▶ **cerca de esta estación**（この駅の近くに）
　　　セrカ　デ　**エ**スタ　エスタシ**オ**ン

55

Unidad 12 置き換えトレーニング

一部分を置き換えればいろんな場面で使うことができます。いろんな単語で練習してみましょう。

CD・25

～はありますか？
¿Tiene usted ～?
ティエネ　ウステー

ワイン	¿Tiene usted vino? ティエネ　ウステー　ビノ
チーズ	¿Tiene usted queso? ティエネ　ウステー　ケソ
シングルの部屋	¿Tiene usted una habitación individual? ティエネ　ウステー　ウナ　アビタシオン　インディビドゥアl
ツインの部屋	¿Tiene usted una habitación con dos camas? ティエネ　ウステー　ウナ　アビタシオン　コン　ドス　カマス

vocabulario こんな単語も置き換えて練習！

- ビール　女 cerveza（セrベサ）
- 香水　男 perfume（ペrフメ）
- オリーブオイル　男 aceite de oliva（アセイテ　デ　オliバ）
- 化粧品　男 cosmético（コスメティコ）

56

第 2 章　基本フレーズ編

この近くに〜はありますか？
¿Hay 〜 cerca de aquí?
アイ　　　　セrカ　デ　　アキ

トイレ	¿Hay **un cuarto de aseo** cerca de aquí? アイ ウン クアrト デ アセオ セrカ デ アキ
地下鉄の駅	¿Hay **una estación de metro** cerca de aquí? アイ ウナ エスタシオン デ メトro セrカ デ アキ
本屋	¿Hay **una librería** cerca de aquí? アイ ウナ リブreríア セrカ デ アキ
タクシー乗り場	¿Hay **una parada de taxi** cerca de aquí? アイ ウナ パraダ デ タクシ セrカ デ アキ

vocabulario こんな単語も置き換えて練習！

スーパーマーケット　男 supermercado
　　　　　　　　　　　スペrメrカド

レストラン　男 restaurante
　　　　　　　rreスタウraンテ

美術館　男 museo
　　　　　ムセオ

市場　男 mercado
　　　　メrカド

Unidad 13 〜が好きです

「〜が好き」「〜することが好き」と好きなことについて伝える表現を覚えましょう。

CD・26

1 **Me gusta el fútbol.**
　　メ　　グスタ　　エl　　フッボl

サッカーが好きです。

2 **Me gusta mucho María.**
　　メ　　グスタ　　ムチョ　　マriア

マリアがとても好きです。

3 **Me gusta bailar.**
　　メ　　グスタ　　バイlar

踊るのが好きです。

4 **No me gusta bailar.**
　　ノ　メ　グスタ　　バイlar

踊るのが好きではありません。

vocabulario〈単語〉

gusta グスタ	gustar（好む）の 三人称単数形	mucho ムチョ	たいへん、とても
vino ビノ	男 ワイン	bailar バイlar	踊る

第2章 基本フレーズ編

🌿 会話のポイント 🌿

1 Me gusta el fútbol. `Me gusta ＋名詞`

　動詞 gustar のあとに名詞を続けて、「〜が好き」を表します。Me は「〜に」を示す目的語ですが、ここでは意味上の主語です。

2 Me gusta mucho María.
`Me gusta mucho ＋名詞`

　mucho をつけると「〜がとても好き」という意味になります。また、相手に「愛している」という想いを伝えるときには Te quiero. などを使います。

3 Me gusta bailar. `Me gusta ＋動詞の原形`

　gustar のあとに動詞の原形を続けると「〜するのが好き」という意味になります。この場合にも mucho をつけると、「〜することがとても好きです」となります。

　　▶ **Me gusta mucho cantar.** (歌うことがとても好きです)
　　　　メ　　**グ**スタ　　　**ム**チョ　　　カン**タ** r
　　Me gusta mucho describir unas pinturas.
　　　メ　　**グ**スタ　　**ム**チョ　　デスク ri **ビ** r　**ウ**ナス　ピン**トゥ** ra ス
　　(絵を描くことがとても好きです)

4 No me gusta bailar.
`No me gusta ＋動詞の原形`

　否定文は頭に No を付けます。「嫌う」を表す動詞として odiar などがありますが、こちらは「本当に嫌いだ」といったニュアンスで伝えたいときにしか使いません。

59

Unidad 13 置き換えトレーニング

一部分を置き換えればいろんな場面で使うことができます。いろんな単語で練習してみましょう。

CD・27

〜が好きです
Me gusta(n) 〜.
メ　グスタ（ン）

チーズ	**Me gusta el queso.** メ　グスタ　エl　ケソ
ワイン	**Me gusta el vino.** メ　グスタ　エl　ビノ
猫	**Me gustan los gatos.** メ　グスタン　loス　ガトス
犬	**Me gustan los perros.** メ　グスタン　loス　ペrroス

---

vocabulario こんな単語も置き換えて練習！

- 絵　女 **pintura**　ピントゥra
- 歌　女 **canción**　カンシオン
- パエリア　女 **paella**　パエジャ
- フラメンコ　男 **flamenco**　フlaメンコ

第2章 基本フレーズ編

〜するのが好きです
Me gusta 〜.
メ　　グスタ

歌う	**Me gusta cantar.**
	メ　グスタ　カン**タ**r
本を読む	**Me gusta leer libros**
	メ　グスタ　ℓe**エ**r　ℓi**プ**roス
音楽を聴く	**Me gusta escuchar música.**
	メ　グスタ　エスク**チャ**r　　**ム**シカ
旅行する	**Me gusta viajar.**
	メ　グスタ　ビア**ハ**r

vocabulario こんな単語も置き換えて練習！

スポーツをする	hacer deporte	写真を撮る	sacar fotos
	ア**セ**r　デ**ポ**rテ		サ**カ**r　**フォ**トス
街を歩く	pasear	手紙を書く	escribir cartas
	パセ**ア**r		エスクri**ビ**r　**カ**rタス

Unidad 14 〜してもらえますか？

動詞 poder（〜できる）を使って、「〜してもらえますか？」とお願いする表現を覚えましょう。

CD・28

1 ¿Puede usted abrir una ventana?
プエデ　ウステー　アブrir　ウナ　ベンタナ

窓を開けてもらえますか？

2 ¿Puedes llevar esta maleta?
プエデス　ジェバr　エスタ　マleタ

このスーツケース、持ってくれる？

3 ¿Podría usted firmar aquí?
ポドriア　ウステー　フィrマr　アキ

ここにサインをしてくださいますか？

vocabulario〈単語〉

abrir アブrir	開ける	maleta マleタ	女 スーツケース
ventana ベンタナ	女 窓	firmar フィrマr	サインする
llevar ジェバr	（荷物を）持つ		

62

第 2 章　基本フレーズ編

会話のポイント

1 ¿Puede usted abrir una ventana?
Puede usted ＋動詞の原形

　puede は、動詞 poder の三人称単数形の活用形で、意味は「〜できる」です。

　「あなたは〜できますか？」という疑問文の形で、相手に何かを依頼する表現になります。

▶ **¿Puede usted venir mañana?**（明日、来られますか？）
　　プ**エ**デ　ウス**テ**ー　ベ**ニ**r　マ**ニ**ャナ

答えるときには Puedo を使います。

▶ **Puedo venir mañana.**（明日、来られます）
　　プ**エ**ド　ベ**ニ**r　マ**ニ**ャナ

2 ¿Puedes llevar esta maleta?
Puedes ＋動詞の原形

　puedes は、動詞 poder の二人称単数形の活用形です。ここでの主語は、省略されていますが tú になるので、¿Puede 〜？より、もっとくだけた表現になります。親しい間柄で使います。

▶ **¿Puedes venir mañana?**（明日、来られる？）
　　プ**エ**デス　ベ**ニ**r　マ**ニ**ャナ

3 ¿Podría usted firmar aquí?
Podría usted ＋動詞の原形

　¿Podría 〜？は、¿Puede 〜？よりも丁寧な言い方です。

63

Unidad 14 置き換えトレーニング

一部分を置き換えればいろんな場面で使うことができます。いろんな単語で練習してみましょう。

CD・29

〜してもらえますか？
¿Puede usted 〜?
プエデ　　ウステー

メールアドレスを教えて	¿Puede usted enseñarme su correo electrónico?
ここで待って	¿Puede usted esperar aquí?
道を教えて	¿Puede usted indicarme el camino?
ゆっくり話して	¿Puede usted hablar más lentamente?

vocabulario こんな単語も置き換えて練習！

| もう1度繰り返す | repetir | 手伝う | ayudarme |
| ここに書く | escribir aquí | 約束する | prometerme |

～してくれる？
¿Puedes ～?

窓を閉めて	¿**Puedes cerrar la ventana**?
ゆっくり歩いて	¿**Puedes andar más despacio**?
本を貸して	¿**Puedes prestarme el libro**?
電話して	¿**Puedes llamarme por teléfono**?

vocabulario こんな単語も置き換えて練習！

暖房をつける	encender la calefacción
店を予約する	reservar el restaurante
大きな声で話す	hablar más alto
住所を教える	enseñarme tu dirección

Unidad 15 〜してもいいですか？

poder は一人称単数の活用形 puedo を使って、「〜してもいいですか？」と許可を求めるときにも使うことができます。

1 ¿Puedo probar este vino?

このワインを飲んでみてもいいですか？

2 ¿Me puede dar un plano del metro?

地下鉄の路線図をもらえますか？

vocabulario〈単語〉

probar	試す
plano	男 地図

第 2 章　基本フレーズ編

会話のポイント

1 ¿Puedo probar este vino?
`Puedo ＋動詞の原形`

　¿Puedo ～? は、¿Puedo yo ～? の主語 yo が省略されている形なので、英語の Can I ～? のような表現で、「～してもいいですか？」となります。

2 ¿Me puede dar un plano del metro?
`Me puede dar ＋名詞`

　¿Me puede dar ～? は、「～をもらえますか？」と自分の欲しいものを頼むときの表現です。

Unidad 15 置き換えトレーニング

一部分を置き換えればいろんな場面で使うことができます。いろんな単語で練習してみましょう。

CD・31

〜してもいいですか？
¿Puedo 〜?
プエド

テレビをつけても	¿Puedo encender la tele? プエド　エンセンデr　la テle
この荷物を預けても	¿Puedo dejar este equipaje? プエド　デハr　エステ　エキパヘ
入っても	¿Puedo entrar? プエド　エントrar
このコンピュータを使っても	¿Puedo usar este ordenador? プエド　ウサr　エステ　オrデナドr

vocabulario こんな単語も置き換えて練習！

休憩する　descansar
　　　　　デスカンサr

タバコを吸う　fumar
　　　　　　フマr

借りる　pedir
　　　　ペディr

触る　tocar
　　　トカr

第2章 基本フレーズ編

～をもらえますか？
¿Me puede dar ～?

電車の時刻表	¿Me puede dar los horarios de tren?
街の地図	¿Me puede dar un plano de la ciudad?
入場券	¿Me puede dar una entrada?
水	¿Me puede dar agua?

vocabulario こんな単語も置き換えて練習！

コーヒー 男 café
皿 男 plato
メニュー 男 menú
アドバイス 男 consejo

Unidad 16 〜しませんか？

「〜しませんか？」「〜はいかがですか？」と提案したり、誘ったりする表現を覚えましょう。

CD・32

1 ¿Almorzamos juntos?
アℓモrサモス　　　　　フントス

お昼を一緒に食べませんか？

2 ¿Quiere usted dar un paseo con nosotros?
キエre　ウステー　ダr　ウン
パセオ　コン　ノソトroス

私たちと一緒に散歩をするのはいかがですか？

3 ¿No quiere usted tomar un café con nosotros?
ノ　キエre　ウステー　トマr
ウン　カフェ　コン　ノソトroス

私たちと一緒にコーヒーを飲みませんか？

---

vocabulario〈単語〉

almorzamos アℓモrサモス	almorzar (昼食をとる) の一人称複数形
juntos フントス	一緒に
paseo パセオ	男 散歩
tomar トマr	飲む
café カフェ	男 コーヒー

第2章　基本フレーズ編

会話のポイント

1 ¿Almorzamos juntos?

　ここでの主語は男 nosotros 女 nosotras（私たちは）がです。直訳すると、「私たちは一緒にお昼を食べますか？」ですが、つまり「〜しませんか？」と相手を誘う表現になります。

2 ¿Quiere usted dar un paseo con nosotros?　`Quiere usted ＋動詞の原形`

　Quiere は動詞 querer の三人称単数の活用形です。¿Quiere usted 〜？で「〜したいですか？」「〜するのはどうですか？」と相手を誘うニュアンスになります。¿Desearía usted 〜？も同様の意味になりますが、この表現は大人がよく使います。Desearía は動詞 desear の三人称単数形です。querer は英語の want の意味で、desear は wish に近い意味です。

3 ¿No quiere usted tomar un café con nosotros?

　¿Quiere usted 〜？の否定形です。頭に No を付けるだけです。「〜したくないですか？」と聞くことで、相手の意向をたずねる表現になります。答え方に注意しましょう。

Unidad 16 置き換えトレーニング

一部分を置き換えればいろんな場面で使うことができます。いろんな単語で練習してみましょう。

CD・33

～するのはどうですか？
¿Quiere usted ～?
キ**エ**re　　ウス**テ**ー

何か飲みに行く	¿Quiere usted beber algo? キ**エ**re　ウス**テ**ー　ベ**ベ**r　**ア**ℓゴ
旅行に行く	¿Quiere usted viajar? キ**エ**re　ウス**テ**ー　ビア**ハ**r
明日行く	¿Quiere usted ir mañana? キ**エ**re　ウス**テ**ー　**イ**r　マ**ニャ**ナ
タクシーに乗る	¿Quiere usted subir al taxi? キ**エ**re　ウス**テ**ー　ス**ビ**r　**ア**ℓ　**タ**クシ

vocabulario こんな単語も置き換えて練習！

手紙を書く　escribir una carta
　　　　　　エスク ri **ビ**r　**ウ**ナ　**カ**rタ

月曜日に会う　vernos el lunes
　　　　　　　ベrノス　**エ**ℓ　ℓ**u**ネス

第2章 基本フレーズ編

〜しませんか？
¿No quiere (usted) 〜?

テニスをする	¿No quiere usted jugar al tenis?
一緒に夕食を食べる	¿No quiere usted comer conmigo?
参加する	¿No quiere usted participar?
ちょっと休憩する	¿No quiere descansar un poco?

vocabulario こんな単語も置き換えて練習！

ドライブに行く　ir en coche

サッカーを観戦する　ver el partido de fútbol

Unidad 17 〜するつもりです

これからしようと思っていることを言う表現を覚えましょう。

1 Voy a subir al Monte Takao mañana.

明日、高尾山に登るつもりです。

2 Pienso salir el 7 (siete) de agosto.

8月7日に出発するつもりです。

3 Tengo intención de ver la danza de flamenco.

フラメンコのショーを見るつもりです。

vocabulario 〈単語〉

Monte Takao	高尾山	agosto	男 8月
salir	出発する	danza	女 ダンス

第2章　基本フレーズ編

会話のポイント

1 **Voy a subir al Monte Takao mañana.**

`Voy a ＋動詞の原形`

　Voy は動詞 ir の一人称単数形で、「～しようとしている」の意味を表します。Voy a ～ . で、「～するつもりだ」となります。確実に決まっている予定について話すときに使います。

2 **Pienso salir el 7 (siete) de agosto.**

`Pienso ＋動詞の原形`

　Pienso は動詞 pensar の一人称単数形で、「考える」という意味です。Pienso ～ . で「～するつもりだ」となります。「～しようと考えている」というニュアンスなので、不確定な予定についても言うことができます。

3 **Tengo intención de ver la danza de flamenco.** `Tengo intención de ＋動詞の原形`

　intención は「意図」の意味なので、Tengo intención de ～ . で「～する意図を持っている」となり、「～するつもりだ」の意味で使うことができます。

75

Unidad 17 置き換えトレーニング

一部分を置き換えればいろんな場面で使うことができます。いろんな単語で練習してみましょう。

CD・35

～するつもりです
Voy a ～.
ボイ ア

バルセロナに行く	**Voy a ir a Barcelona.** ボイ ア イr ア バrセℓoナ
サグラダ・ファミリアを訪ねる	**Voy a visitar la iglesia de** ボイ ア ビシ**タ**r ℓa イグℓe**シ**ア デ **la Sagrada Familia.** ℓa サグ**ra**ダ ファミ**ℓi**ア
トラムに乗る	**Voy a subir al tranvía.** ボイ ア スビr アℓ トranビア
明日電話をする	**Voy a llamarte por** ボイ ア ジャ**マ**rテ ポr **teléfono mañana.** テℓeフォノ マニャナ

vocabulario こんな単語も置き換えて練習！

午後に出かける　salir por la tarde
　　　　　　　　サℓir ポr ℓa **タ**rデ

散歩する　dar un paseo
　　　　　ダr ウン パ**セ**オ

76

～するつもりです
Pienso ～.
ピエンソ

フラメンコを見る	**Pienso ver flamenco.** ピエンソ　ベr　フラメンコ	
語学学校に行く	**Pienso ir a una escuela de idiomas.** ピエンソ　イr　ア　ウナ　エスクエla　デ イディオマス	
手紙を書く	**Pienso escribir una carta.** ピエンソ　エスクriビr　ウナ　カrタ	
スペイン語を習う	**Pienso estudiar español.** ピエンソ　エストゥディアr　エスパニョl	

vocabulario こんな単語も置き換えて練習！

サッカーの試合を見る　ver un partido de fútbol
　　　　　　　　　　ベr　ウン　パrティド　デ　フッボl

週末に掃除をする　hacer la limpieza el fin de semana
　　　　　　　　アセr　la　liンピエサ　エl　フィン　デ　セマナ

Unidad 18 〜しなければなりません

「〜しなくてはいけない」という表現は「動詞 tener + que」で表します。

CD・36

1 **Tengo que trabajar.**
テンゴ　ケ　トraバハr

働かなければなりません。

2 **Necesito tomar el tren de las 11 (once).**
ネセシト　トマr　エl　トreン　デ　laス　オンセ

11時の電車に乗らなければなりません。

3 **Debo salir enseguida.**
デボ　サlir　エンセギダ

すぐに出発しなければなりません。

4 **No tienen que comer todo.**
ノ　ティエネン　ケ　コメr　トド

（あなたたちは）全部食べる必要はないです。

vocabulario 〈単語〉

| trabajar
トraバハr | 働く | enseguida
エンセギダ | すぐに |
| tren
トreン | 男 電車 | todo
トド | すべて |

会話のポイント

1 **Tengo que trabajar.** `Tengo que ＋動詞の原形`

「動詞 tener ＋ que」に動詞の原形を続けると、「〜しなければならない」という意味になります。

2 **Necesito tomar el tren de las 11 (once).** `Necesito ＋動詞の原形`

necesito は動詞 necesitar の一人称単数形です。necesitar は「必要とする」の意味で、英語の need にあたります。necesitar ＋動詞の原形で、「〜する必要がある」「〜しなくてはいけない」といった表現ができます。

3 **Debo salir enseguida.** `Debo ＋動詞の原形`

debo は動詞 deber の一人称単数形で、「〜しなければならない」「〜すべきである」を意味します。頭に No をつけて否定形にすると「〜してはいけない」という意味になります。

▶ **No debes beber tanto.** （そんなに酒を飲んではいけない）
　ノ　デベス　ベベr　タント

4 **No tienen que comer todo.** `No tienen que ＋動詞`

動詞 tener の前に No をつけると否定形になり、「〜する必要はない」という意味になります。

Unidad 18 置き換えトレーニング

一部分を置き換えればいろんな場面で使うことができます。いろんな単語で練習してみましょう。

CD・37

～しなくてはいけません
Tengo que ～.
テンゴ　ケ

会社に電話しなくては	**Tengo que telefonear a la oficina.** テンゴ　ケ　テレフォネアr　ア　ラ　オフィシナ
この手紙を送らなくては	**Tengo que enviar esta carta.** テンゴ　ケ　エンビアr　エスタ　カrタ
郵便局に行かなくては	**Tengo que ir a correos.** テンゴ　ケ　イr　ア　コrreオス
すぐに帰らなくては	**Tengo que volver enseguida.** テンゴ　ケ　ボルベr　エンセギダ

vocabulario こんな単語も置き換えて練習！

早く行く　ir pronto
　　　　　イr　プロント

牛乳を買う　comprar leche
　　　　　　コンプラr　レチェ

第2章 基本フレーズ編

CD・37

～しなくてはいけません
Debo ～.
デボ

はっきり 話さなくては	**Debo hablar claramente.** デボ　　アブラr　　クラraメンテ
時間を 守らなくては	**Debo ser puntual.** デボ　　セr　　プントゥアl
スポーツを しなくては	**Debo hacer deporte.** デボ　　アセr　　デポrテ
学び続け なくては	**Debo continuar estudiando.** デボ　　コンティヌアr　　エストゥディアンド

vocabulario こんな単語も置き換えて練習！

レポートを書く	escribir un reportage エスクriビr　ウン　rreポrタへ
書類を提出する	entregar los documentos エントreガr　loス　ドクメントス

81

Unidad 19 〜は何ですか？

人や物について、これ・それ・あれを使って「〜は何ですか？」「〜は誰ですか？」と聞く表現を覚えましょう。

CD·38

1 ¿Qué es esto?
　　ケ　　エス　　エスト

これは何ですか？

2 Es una vela.
　エス　ウナ　ベla

（それは）キャンドルです。

3 ¿Quién es?
　　キエン　　エス

（この人は／その人は／あの人は）誰ですか？

4 Es mi amiga.
　エス　ミ　アミガ

（その人は）私の友人（女性）です。

vocabulario 〈単語〉

qué ケ	何	quién キエン	誰
vela ベla	女 キャンドル、ろうそく	amiga アミガ	女 女友達

第 2 章　基本フレーズ編

会話のポイント

1 **¿Qué es esto?**　Qué es ＋指示代名詞

物や事柄について「(これ／それ／あれ) は何ですか？」と聞く表現です。疑問文で指している物の性別がわからないときには中性の指示代名詞である、esto（これ）・eso（それ）・aquello（あれ）を使います。

2 **Es una vela.**　Es ＋名詞

名詞が単数なら es、複数なら son を使います。

3 **¿Quién es?**

人について「～は誰ですか？」と聞く表現です。

▶ **¿Quién es esa mujer?**（あの女の人は誰ですか？）
　キエン　エス　エサ　ムヘr

4 **Es mi amiga.**　Es ＋人

物について答えるときと同じように、名詞が単数なら es、複数なら son となります。

▶ **Son mis padres.**（私の両親です）
　ソン　ミス　パドreス

83

Unidad 19 置き換えトレーニング

一部分を置き換えればいろんな場面で使うことができます。いろんな単語で練習してみましょう。

CD・39

(「¿Qué es esto?（これは何ですか）」と聞かれて)

～です

Es ～ (単数形). / Son ～ (複数形).
 エス   ソン

城	**Es un castillo.** エス ウン カスティジョ
教会	**Es una iglesia.** エス ウナ イグレシア
路面電車（トラム）	**Son unos tranvías.** ソン ウノス トranビアス
レストラン	**Son unos restaurantes.** ソン ウノス rreスタウraンテス

---

vocabulario こんな単語も置き換えて練習！

携帯電話	男 **teléfono móvil** テレフォノ モビル	デパート	男 **gran almacén** グran アルマセン
お土産	男 **regalo** rreガロ	ケーキ	女 **tarta** タrタ

第2章 基本フレーズ編

CD・39

（「¿Quién es aquél?（あれは誰ですか？）」と聞かれて）
～です
Es ～ (単数形). / Son ～ (複数形).
エス　　　　　　　　　　　ソン

アントニオ	**Es Antonio.** エス　アントニオ
女性歌手	**Es una cantante.** エス　ウナ　　　カン**タ**ンテ
男優	**Es un actor.** エス　ウン　アク**ト**r
私の友人たち（男性）	**Son mis amigos.** ソン　　ミス　　ア**ミ**ゴス

vocabulario こんな単語も置き換えて練習！

スペインの画家　男 **pintor español**　女 **pintora española**
　　　　　　　　　　ピン**ト**r　エスパ**ニョ**ℓ　　　　ピン**ト**ra　エスパ**ニョ**ℓa

日本人作家　男 **escritor japonés**　女 **escritora japonesa**
　　　　　　　　エスク**ri** **ト**r　　ハポ**ネ**ス　　　　エスク**ri** **ト**ra　ハポ**ネ**サ

芸能人　男 女 **artista**
　　　　　　　　アr**ティ**スタ

85

どの〜ですか？

「どの〜？」「どれ〜？」を聞く表現を覚えましょう。

1 **¿Qué vino toma usted?**
ケ　　ビノ　　　トマ　　　　ウステー

どのワインを飲みますか？

2 **¿En qué piso están las pinturas de El Greco?**
エン　　ケ　　ピソ　　　エスタン　　ℓaス
ピントゥraス　　　　デ　　エℓ　　　グreコ

エル・グレコの作品は何階にありますか？

3 **¿Cuál es su dirección?**
クアℓ　　エス　　ス　　ディreクシオン

あなたの住所は何ですか？

vocabulario〈単語〉

| qué
ケ | 何の、どの | piso
ピソ | 男 階 |
| cuál
クアℓ | どれ、何、誰 | dirección
ディreクシオン | 女 住所 |

第 2 章　基本フレーズ編

会話のポイント

1 **¿Qué vino toma usted?**　`Qué ＋名詞＋動詞`

「Qué ＋名詞」で「どの～」「何の～」を表します。そのあとには動詞＋主語と続きます。

2 **¿En qué piso están las pinturas de El Greco?**

en は前置詞で「～に、～で」を意味します。qué piso が「どの階」を意味するので、en qué piso で「どの階に」となります。そのあとには動詞＋主語と続きます。

3 **¿Cuál es su dirección?**　`Cuál es ＋名詞`

「～は何ですか？」と聞くときに ¿Cuál ～？も使うことができます。¿Cuál es ～？の形で、「～は何ですか？」となります。qué を使って同じ表現をつくることもできます。

▶ **¿Qué dirección tiene usted?**
　　ケ　　ディreクシオンティエネ ウステー
　（あなたの住所は何ですか？）

¿Qué número de teléfono tiene usted?
　ケ　　ヌメ ro　　デ　テℓeフォノ ティエネ ウステー
（あなたの電話番号は何ですか？）

Unidad 20 置き換えトレーニング

一部分を置き換えればいろんな場面で使うことができます。いろんな単語で練習してみましょう。

CD・41

どの〜が好きですか？
¿Qué 〜 le gusta?

本	¿Qué **libro** le gusta?
映画	¿Qué **película** le gusta?
音楽	¿Qué **música** le gusta?
食べ物	¿Qué **comida** le gusta?

---

vocabulario こんな単語も置き換えて練習！

スポーツ 男 deporte

テレビ番組 男 programa de televisión

色 男 color

デザート 男 postre

88

～は何ですか？
¿Cuál es ～?
クアl　エス

名前	¿Cuál es su nombre?
趣味	¿Cuál es su hobby?
専攻	¿Cuál es su especialidad?
携帯番号	¿Cuál es su número de móvil?

vocabulario こんな単語も置き換えて練習！

ファックス番号　número de fax

Eメールアドレス　dirección de correo electrónico

オススメの料理　plato del día

Unidad 21 〜はどこですか？

¿Dónde 〜? を使って、「〜はどこですか？」と聞く表現を覚えましょう。

CD·42

1 **¿Dónde están los aseos?**
ドンデ　エス**タ**ン　*l*o*s*　ア**セ**オス

トイレはどこですか？

2 **¿Dónde vive usted?**
ドンデ　ビベ　ウス**テ**ー

どこに住んでいますか？

3 **¿A dónde va usted?**
ア　ドンデ　バ　ウス**テ**ー

どこへ行くのですか？

4 **¿De dónde viene usted?**
デ　ドンデ　ビ**エ**ネ　ウス**テ**ー

どこから来たのですか？

vocabulario 〈単語〉

dónde ドンデ	どこ	vive ビベ	vivir（住む）の三人称単数形
aseo ア**セ**オ	男 トイレ	va バ	ir（行く）の三人称単数形
		viene ビ**エ**ネ	venir（来る）の三人称単数形

会話のポイント

1 **¿Dónde están los aseos?**
`Dónde están ＋複数名詞`

　「〜はどこですか？」と場所を聞きたいときには疑問詞 dónde を使います。話題に取り上げる名詞が複数の場合は、動詞 estar の三人称複数の活用形 están を使います。「〜がある」を表す動詞 estar と hay ですが、続く名詞（事、物、人）が限定されている場合には estar、限定されていない場合には hay を使います。

2 **¿Dónde vive usted?** `Dónde ＋動詞`

　相手に「どこに〜していますか？」と聞きたいときには「¿Dónde ＋動詞＋ usted 〜？」の形になります。

3 **¿A dónde va usted?** `A dónde ＋動詞`

　¿A dónde 〜？で、「どこへ〜しますか？」を意味します。この A は「〜へ」を表す前置詞です。

4 **¿De dónde viene usted?** `De dónde ＋動詞`

　¿De dónde 〜？で、「どこから〜しますか？」を意味します。この De は「〜から」を表す前置詞です。

Unidad 21 置き換えトレーニング

一部分を置き換えればいろんな場面で使うことができます。いろんな単語で練習してみましょう。

CD・43

〜はどこですか？
¿Dónde 〜?
ドンデ

バス停	¿Dónde hay una parada de autobús?	
観光案内所	¿Dónde está la oficina de turismo?	
ピカソ美術館	¿Dónde está el Museo de Picaso?	
スタジアム	¿Dónde está el estadio?	

vocabulario こんな単語も置き換えて練習！

闘牛場　女 corrida de toros

私の席　mi asiento

一番近い駅　la estación más cercana

銀行　男 banco

第2章 基本フレーズ編

（あなたは）どこで～しますか？
¿Dónde ～?
ドンデ

働く	**¿Dónde trabaja usted?** ドンデ　トraバハ　ウステー
スペイン語を勉強する	**¿Dónde estudia usted español?** ドンデ　エストゥディア　ウステー　エスパニョl
昼食をとる	**¿Dónde desayuna usted?** ドンデ　デサジュナ　ウステー
アントニオに会う	**¿Dónde va usted a encontrarse con Antonio?** ドンデ　バ　ウステー　ア　エンコントrarセ　コン　アントニオ

vocabulario こんな単語も置き換えて練習！

土産を買う　comprar un recuerdo
　　　　　　コンプrar　ウン　rreクエrド

買い物をする　hacer las compras
　　　　　　アセr　laス　コンプraス

Unidad 22

いつ〜しますか？

「いつ〜しますか？」「何時に〜しますか？」など、時間を聞く表現を覚えましょう。

CD・44

1 **¿Cuándo sale usted?**
クアンド　　サℓe　　ウステー

いつ出発しますか？

2 **¿A qué hora llega usted?**
ア　ケ　オra　　ジェガ　　ウステー

何時に着きますか？

3 **¿Hasta cuándo se queda usted en Madrid?**
アスタ　　クアンド　セ　ケダ　ウステー　エン　マドriッ

マドリードにいつまでいますか？

vocabulario 〈単語〉

cuándo クアンド	いつ	llega ジェガ	llegar（着く）の 三人称単数形
sale サℓe	salir（出発する）の 三人称単数形	hasta アスタ	〜まで
hora オra	女 時間	queda ケダ	quedar（残る）の 三人称単数形

94

会話のポイント

1 ¿Cuándo sale usted? `Cuándo ＋動詞`

　cuándo は「いつ」を表す疑問詞です。¿Cuándo 〜？で「いつ〜しますか？」と聞く表現になります。時間や月日、曜日などをたずねることができます。

2 ¿A qué hora llega usted?
`A qué hora ＋動詞`

　¿A qué hora 〜？で「何時に〜しますか？」と聞く表現になります。¿Cuándo 〜？よりも具体的な時間を聞きたいときに使います。A は前置詞で「〜に」を表しています。

3 ¿Hasta cuándo se queda usted en Madrid? `Hasta cuándo ＋動詞`

　hasta は「〜まで」を表す前置詞で、hasta cuándo で「いつまで」なので、¿Hasta cuándo 〜？で「いつまで〜しますか？」という意味になります。「〜までいます」と答えるときには次のような表現になります。

> ▶ **Estoy hasta el domingo.**（日曜日までいます）
> 　エス**ト**イ　**ア**スタ　エℓ　　ド**ミ**ンゴ
> 　**Estoy hasta el 10 (diez) de mayo.**（5月10日までいます）
> 　エス**ト**イ　**ア**スタ　エℓ　　ディ**エ**ス　デ　**マ**ジョ

Unidad 22 置き換えトレーニング

一部分を置き換えればいろんな場面で使うことができます。いろんな単語で練習してみましょう。

CD・45

いつ〜しますか？
¿Cuándo 〜？
クアンド

終える	¿Cuándo termina usted?
	クアンド　テrミナ　ウステー
始める	¿Cuándo empieza usted?
	クアンド　エンピエサ　ウステー
家に帰る	¿Cuándo vuelve usted a casa?
	クアンド　ブエℓベ　ウステー　ア　カサ
会う	¿Cuándo nos vemos?
	クアンド　ノス　ベモス

vocabulario こんな単語も置き換えて練習！

行く	ir	食べる	comer
	イr		コメr
開く	abrir	見る	ver
	アブrir		ベr

何時に〜しますか？
¿A qué hora 〜?
ア　　ケ　　オra

外出する	¿A qué hora sale usted?
来る	¿A qué hora viene usted?
電車に乗る	¿A qué hora toma usted el tren?
夕食をとる	¿A qué hora cena usted?

---

vocabulario こんな単語も置き換えて練習！

空港に着く　llegar al aeropuerto

授業が始まる　empezar la clase

Unidad 23 どのように〜しますか？

Cómo を使って、「どうやって」や「どのように」を聞く表現を覚えましょう。

CD・46

1 **¿Cómo viene usted aquí?**
コモ　　ヴィエネ　　ウステー　　アキ

ここにはどうやって来ますか？

2 **¿Cómo hacemos?**
コモ　　アセモス

どうすればいいですか？

3 **¿Cómo se llama usted?**
コモ　セ　ジャマ　　ウステー

お名前は何と言いますか？

4 **¿Cómo se dice "jisho" en español?**
コモ　セ　ディセ　ジショ　エン
エスパニョl

「辞書」はスペイン語で何と言いますか？

vocabulario〈単語〉

hacemos アセモス	hacer（する）の一人称複数形
llama ジャマ	llamar（呼ぶ）の三人称複数形
dice ディセ	decir（言う）の三人称単数形

第2章 基本フレーズ編

会話のポイント

1 ¿Cómo viene usted aquí? `Cómo ＋動詞`

「どのように〜しますか？」と聞くときには ¿Cómo 〜? を使います。cómo は「どのように、どうやって」を表す疑問詞です。

2 Cómo hacemos? `Cómo ＋動詞`

「(私／私たちが) どう〜すればいいのか？」と言いたいときには、¿Cómo 〜? を使います。Cómo に続く動詞は主語（私／私たち）によって活用します。

- ¿Cómo decimos? (どう言えばいい？)
  コモ　デシモス
- ¿Cómo vamos allí? (どうやってそこに行けばいい？)
  コモ　バモス　アジ

3 ¿Cómo se llama usted?

名前を聞くときの定番の表現です。この se は目的語で直訳すると「あなたはどのように"自分を"呼んでいますか」となります。答えるときには、下のように言うことができます。

- (Yo) me llamo José. (ホセと呼んでいます→ホセといいます)
  ジョ　メ　ジャモ　ホセ

4 ¿Cómo se dice "jisho" en español?

`Cómo se dice ＋日本語の単語＋ en español`

日本語の単語などをスペイン語でどのように言うのかを知りたいときに使う表現です。esto（これ）、eso（それ）、aquello（あれ）などを入れても使えます。答えるときは次のように言います。

- Se dice "diccionario". (「diccionario」と言います)
  セ　ディセ　ディクシオナrioオ

99

Unidad 23 置き換えトレーニング

一部分を置き換えればいろんな場面で使うことができます。いろんな単語で練習してみましょう。

CD・47

どのように〜しますか？
¿Cómo 〜?
コモ

支払う	¿Cómo paga?
	コモ　パガ
通勤する	¿Cómo va al trabajo?
	コモ　バ　アl　トラバホ
学校に行く	¿Cómo va usted a la escuela?
	コモ　バ　ウステー　ア　la　エスクエla
食べる	¿Cómo come?
	コモ　コメ

vocabulario こんな単語も置き換えて練習！

この料理を作る　preparar este plato
　　　　　　　プreパrar　エステ　プlaト

考える　pensar
　　　　ペンサr

100

(「Cómo va usted allí?（そこへどうやって行きますか?）」と聞かれて）
～で行きます
Voy ～.
ボイ

電車で	**Voy en tren.** ボイ　エン　トreン
地下鉄で	**Voy en metro.** ボイ　エン　メトro
バスで	**Voy en autobús.** ボイ　エン　アウトブス
徒歩で	**Voy a pie.** ボイ　ア　ピエ

vocabulario こんな単語も置き換えて練習！

車　男 automóvil
アウトモビl

飛行機　男 avión
アビオン

タクシー　男 taxi
タクシ

Unidad 24 いくらですか？

「値段はいくらですか？」「どれくらい時間がかかりますか？」など、「どれくらい」と数量を聞く表現を覚えましょう。

CD・48

1 ¿Cuánto es esto?
クアント　エス　エスト

これはいくらですか？

2 ¿Cuántas naranjas quiere usted?
クアンタス　ナran ハス　キエre　ウステー

オレンジを何個ほしいですか？

3 ¿Cuánto se tarda desde Madrid a Barcelona?
クアント　セ　タrダ　デスデ　マドriッ　ア　バrセロナ

マドリードからバルセロナまでどれぐらい時間がかかりますか？

vocabulario〈単語〉

cuánto クアント	どれくらい、どれだけ	desde A a B デスデ ア	AからBに
naranjas ナranハス	女 オレンジ	tarda タrダ	tardar ((時間が)かかる) の三人称単数形

102

会話のポイント

1 ¿Cuánto es esto? `Cuánto es ＋名詞`

cuánto は「どれくらい、どれだけ」を表す疑問詞です。¿Cuánto es ～？で、「～はいくらですか？」と聞く表現になります。「全部でいくらですか？」と聞くときには、「全部で」を表す en total を付けます。

▶ **¿Cuánto es en total?**（全部でいくらですか？）
ク**ア**ント エス エン ト**タ**ﾙ

2 ¿Cuántas naranjas quiere usted?
`Cuántas ＋名詞＋動詞`

「cuántas ＋名詞」で「どれくらいの～」を表し、¿Cuántas ～ quiere usted? で「どれくらいの～がほしいですか？」という表現になります。

3 ¿Cuánto se tarda desde Madrid a Barcelona?

「どれぐらい時間がかかるか」についても、cuánto を使います。¿Cuánto (se) tarda ～？で「～にどれぐらい時間がかかりますか？」と聞くことができます。

▶ **¿Cuánto (se) tarda en terminar este trabajo?**
ク**ア**ント セ **タ**rダ エン テr ミ**ナ**r **エ**ステ トra**バ**ホ
（この仕事を終えるまでに、どれぐらいかかりますか？）

¿Cuánto tarda para llegar a la casa?
ク**ア**ント **タ**rダ **パ**ra ジェ**ガ**r ア ﾙa **カ**サ
（家に着くのにどれぐらいかかりますか？）

Unidad 24 置き換えトレーニング

一部分を置き換えればいろんな場面で使うことができます。いろんな単語で練習してみましょう。

CD・49

> （何人の）〜がいますか？
> （どれだけの）〜がありますか？
> **¿Cuánto(s)[Cuánta(s)] 〜**
>   クア**ント**(ス)　　　　　クア**ンタ**(ス)
> **tiene usted?**
>   ティ**エ**ネ　　ウス**テ**ー
>
> | 子ども | **¿Cuántos hijos tiene usted?**
クア**ン**トス　　**イ**ホス　　ティ**エ**ネ　　ウス**テ**ー |
> | 兄弟 | **¿Cuántos hermanos tiene usted?**
クア**ン**トス　　エr**マ**ノス　　ティ**エ**ネ　　ウス**テ**ー |
> | 授業 | **¿Cuántas clases tiene usted?**
クア**ン**タス　　ク**ら**aセス　　ティ**エ**ネ　　ウス**テ**ー |
> | 荷物 | **¿Cuánto equipaje tiene usted?**
クア**ン**ト　　エキ**パ**へ　　ティ**エ**ネ　　ウス**テ**ー |

vocabulario こんな単語も置き換えて練習！

生徒　男 **alumno**
　　　　ア**ぅ**ムノ
　　　女 **alumna**
　　　　ア**ぅ**ムナ

教師　男 **profesor**
　　　　プロフェ**ソ**r
　　　女 **profesora**
　　　　プロフェ**ソ**ra

104

～するのにどれぐらい時間がかかりますか？
¿Cuánto ～?
クアント

課題を終える	¿Cuánto se tarda en terminar este tema?
	クアント　セ　タrダ　エン　テrミナr　エステ　テマ
東京からマドリードに行く	¿Cuánto se tarda de Tokio a Madrid?
	クアント　セ　タrダ　デ　トキョ　ア　マドriッ
夕食の準備をする	¿Cuánto tarda usted en preparar la cena?
	クアント　タrダ　ウステー　エン　プレパrar　la　セナ
中に入る	¿Cuánto se tarda en entrar?
	クアント　セ　タrダ　エン　エントrar

vocabulario こんな単語も置き換えて練習！

目的地に着く　llegar al lugar de destino
　　　　　　　ジェガr　アl　luガr　デ　デスティノ

修理する　reparar
　　　　　rreパrar

Unidad 25 どうして〜ですか？

「なぜ〜ですか？」「どうして〜ですか？」と理由や原因を聞く表現を覚えましょう。

CD・50

1 **¿Por qué llora?**
ポr　ケ　ジョra

どうして泣くの？

2 **¿Por qué no viene José?**
ポr　ケ　ノ　ビエネ　ホセ

どうしてホセは来ないの？

3 **Porque está resfriado.**
ポrケ　エスタ　reスフriアド

（彼は）風邪だからです。

vocabulario 〈単語〉

por qué ポr ケ	なぜ、どうして
llora ジョra	llorar（泣く）の三人称単数形
porque ポrケ	なぜなら
estar resfriado エスタr　reスフriアド	風邪をひいている

106

会話のポイント

1 **¿Por qué llora?**　Por qué ＋動詞

　「どうして、なぜ」を表す Por qué のあとに動詞を続けて、「どうして～するの？」という表現になります。¿Por qué? だけでも、「どうして？」と聞くのに単独で使うことができます。

2 **¿Por qué no viene José?**　Por qué no ＋動詞

　「どうして～しないの？」と否定形なので、動詞の前に no が付きます。

3 **Porque está resfriado.**　Porque ＋動詞

　¿Por qué ～? の質問に対して返すときに Porque を使います。会話では省略されることが多いです。

Unidad 25 置き換えトレーニング

一部分を置き換えればいろんな場面で使うことができます。いろんな単語で練習してみましょう。

CD・51

どうして〜ですか？
¿Por qué 〜?
ポ「 ケ

スペインが好き	¿Por qué te gusta España? ポ「 ケ テ グスタ エスパニャ
すぐに帰る	¿Por qué vuelve usted pronto? ポ「 ケ ブエﾙベ ウステー プronト
そんなに悩む	¿Por qué duda tanto? ポ「 ケ ドゥダ タント
それをしない	¿Por qué no quiere usted hacer eso? ポ「 ケ ノ キエre ウステー アセ「 エソ

vocabulario こんな単語も置き換えて練習！

あきらめる　renunciar
　　　　　　rreヌンシアr

嫌う　detestar
　　　デテスタr

怒る　enfadarse
　　　エンファダrセ

笑う　reír
　　　rreイr

第2章 基本フレーズ編

〜だからです
Porque 〜.
ポrケ

食べ物がおいしい	**Porque la comida es buena.**
正午に家にいなければならない	**Porque debo estar en casa a mediodía.**
（値段が）高い	**Porque es caro.**
面白くない	**Porque no es interesante.**

vocabulario こんな単語も置き換えて練習！

難しい **difícil**
簡単 **fácil**

喜んでいる **estar contento**
楽しい **divertido**

便利な表現 2

あいづちフレーズ

テンポ良く会話するためのあいづちフレーズです。相手の話に対してリアクションを返せば、会話もさらにはずみます。

¡Ya está! ジャ エス**タ**	やった！
¡Eso es! **エ**ソ **エ**ス	そのとおり！
¿Es verdad? **エ**ス ベr**ダ**ー	本当？
¡Qué cosas! **ケ** **コ**サス	なんてこと！
¡Depende! デ**ペ**ンデ	場合によってね！
No importa. / ¡Está bien! ノ インポrタ エス**タ** ビ**エ**ン	大丈夫

第3章
便利な動詞編

いろいろな表現に使える便利な動詞を紹介します。活用が不規則なものもあるので注意しましょう。

Unidad 26 serを使った表現

動詞 ser は英語の be 動詞にあたり、名前や国籍、身分、職業を言いたいときに使います。

CD・52

1 **María es de Barcelona.**
マリア エス デ バrセロナ

マリアはバルセロナ出身です。

2 **Este paraguas es de mi madre.**
エステ パraグアス エス デ ミ
マドre

この傘は私の母のものです。

3 **Son las tres y veinte.**
ソン laス トreス イ ベインテ

3時20分です。

vocabulario〈単語〉

| paraguas | 男 傘 | madre | 女 母親 |
| パraグアス | | マドre | |

第3章 便利な動詞編

会話のポイント

1 María es de Barcelona. 　主語＋ es de ＋地名

「主語＋ es de ＋地名」で「（主語）は〜の出身です」という表現になります。de は「〜の」を表します。

2 Este paraguas es de mi madre.

「主語＋ es[son] de ＋所有詞＋名詞」で、「（主語）は〜のものである」ということを表します。

3 Son las tres y veinte.

時間も ser 動詞を使って言います。1時の場合にだけ es、2時以降には son を使います。

▶ **¿Qué hora es?**（今何時ですか？）
　ケ　オra エス
Es la 1.（1時です）
エス la
Son las 2, 3, 4, …（2、3、4…時です）
ソン　las

ser の活用表

単数	一人称	yo 私は	soy ソイ	複数	一人称	男 nosotros 女 nosotras 私たちは	somos ソモス
	二人称	tú 君は	eres エreス		二人称	男 vosotros 女 vosotras 君たちは	sois ソイス
	三人称	usted あなたは	es エス		三人称	ustedes あなたたちは	son ソン
		él 彼は				ellos 彼らは	
		ella 彼女は				ellas 彼女らは	

Unidad 27 tener を使った表現

動詞 tener は英語の have にあたります。「持っている」という意味ですが、いろいろな表現に使うことができます。

CD·53

1 **Carmen tiene los ojos azules.**

カルメンは青い目をしています。

2 **Tengo hambre.**

お腹が空いています。

3 **Tengo dolor de vientre.**

お腹が痛いです。

vocabulario 〈単語〉

ojos	男(複数形) 目	dolor de 〜	〜の痛み
(el) hambre	女 空腹	vientre	男 腹

第3章　便利な動詞編

会話のポイント

1 **Carmen tiene los ojos azules.**

主語＋ tiene ＋名詞（身体の部分）

　身体の特徴のいくつかは「（主語）は〜を持っている」と動詞 tener を用いて表します。目の色や髪の色、長さ、体系などです。

2 **Tengo hambre.**　Tengo ＋名詞（身体の状態を表す）

　身体の状態も tener を使って表すことができます。tener + sed（喉の渇き）/ sueño（眠気）で、「喉が渇いている」「眠い」という身体の状態を表現します。

　「（自分が）暑さ[寒さ]を感じる」と言いたい場合にも、tener を使って Tengo calor.（暑い）、Tengo frío.（寒い）となります。

3 **Tengo dolor de vientre.**

Tengo dolor de ＋身体の部分

　dolor de 〜が「〜の痛み」という意味なので、tener dolor de 〜で「〜の痛みを持っている＝〜が痛い」となります。

tener の活用表

単数	一人称	yo 私は	tengo テンゴ	複数	一人称	男 nosotros 女 nosotras 私たちは	tenemos テネモス
	二人称	tú 君は	tienes ティエネス		二人称	男 vosotros 女 vosotras 君たちは	tenéis テネイス
	三人称	usted あなたは él 彼は ella 彼女は	tiene ティエネ		三人称	ustedes あなたたちは ellos 彼らは ellas 彼女らは	tienen ティエネン

Unidad 28 ir を使った表現

動詞 ir の本来の意味は「行く」ですが、予定を表したり、誘ったりする表現をつくることもできます。

CD・54

1 **Este vestido le va bien a Sofía.**
エステ ベスティド le バ ビエン ア ソフィア

このワンピースはソフィアによく似合います。

2 **Ese día nos va bien a todos.**
エセ ディア ノス バ ビエン ア トドス

その日は全員に都合がいいです。

3 **¡Hola! ¡Vamos!**
オla バモス

さあ、行こう！

vocabulario 〈単語〉

| vestido 男 ワンピース、ドレス | todos 男 すべての人、みんな |
| ベスティド | トドス |

第 3 章　便利な動詞編

会話のポイント

1 **Este vestido le va bien a Sofía.**

「服や色などが似合う」という意味で、動詞 ir を使うことができます。ir bien ～で「～に合う」となります。

2 **Ese día nos va bien a todos.**

ir bien で、「都合がいい」という表現もできます。

3 **¡Hola! ¡Vamos!**

Vamos a ～. で、「さあ～しよう」を表すことができます。英語の Let's ～. に近いです。

▶ **Vamos a brindar.** （さあ乾杯しよう）
　バモス　ア　ブrinダr

ir の活用表

単数	一人称	yo 私は	**voy** ボイ	複数	一人称	男 nosotros 女 nosotras 私たちは	**vamos** バモス
	二人称	tú 君は	**vas** バス		二人称	男 vosotros 女 vosotras 君たちは	**vais** バイス
	三人称	usted あなたは él 彼は ella 彼女は	**va** バ		三人称	ustedes あなたたちは ellos 彼らは ellas 彼女らは	**van** バン

117

Unidad 26～28 スペイン語作文トレーニング

日本語からスペイン語への転換練習です。日本語が聞こえたらポーズが入るので、スペイン語を話してみましょう。

1 彼は大阪の出身です。
⇒ Él es ～

2 午後の3時です。
⇒ Son ～

3 彼女は金髪です。
⇒ Ella tiene ～

4 とても寒いです。
⇒ Tengo ～

5 さあ、始めよう！
⇒ ¡Vamos ～

6 その帽子は彼女によく似合っています。
⇒ Ese sombrero ～

Él es de Osaka.
エl エス デ オサカ
☺ ser 動詞を使います。

Son las tres de la tarde.
ソン laス トreス デ la タrデ
☺ ser 動詞は時間を表すこともできます。

Ella tiene el pelo rubio.
エジャ ティエネ エl ペlo ruビオ
☺ pelo rubio で「金髪」です。tener を使って身体の特徴を表します。

Tengo mucho frío.
テンゴ ムチョ フriオ
☺ tener 動詞を使います。

¡Vamos a empezar!
バモス ア エンペサr
☺「さあ、〜しよう！」と誘う表現です。

Ese sombrero le sienta bien a ella.
エセ ソンブreロ le シエンタ ビエン ア エジャ
☺ sentar bien も ir bien と同じ意味で使えます。

119

Unidad 29 hacer を使った表現

hacer は英語の do にあたります。「作る」という make の意味も持っています。

CD・56

1 **José hace práctica de natación.**
ホセ　アセ　プラクティカ　デ　ナタシオン

ホセは水泳の練習をします。

2 **Hace muy buen tiempo.**
アセ　ムイ　ブエン　ティエンポ

とてもいい天気です。

3 **Hago una ensalada.**
アゴ　ウナ　エンサラダ

サラダを作ります。

vocabulario 〈単語〉

natación ナタシオン	女 水泳	ensalada エンサラダ	女 サラダ
tiempo ティエンポ	男 天気		

第3章 便利な動詞編

会話のポイント

1 José hace práctica de natación.

動詞 hacer は英語の do にあたる言葉なので、「〜します」と「活動としてやっていること」を言うときに使えます。また、仕事を聞くときにも使えます。

▶ **Yo soy empleado de oficial, ¿y usted qué hace?**
ジョ ソイ エンプℓeアド デオフィシアℓ イ ウステー ケ アセ
（私は公務員です。あなたは何（の仕事）をしていますか？）

2 Hace muy buen tiempo.

天候に関して言うときも hacer を使います。

▶ **Hace mal tiempo.**（天気が悪いです）
アセ マℓ ティエンポ
Hace sol.（日が照っています）
アセ ソℓ

3 Hago una ensalada.

hacer は「作る」という意味も持っています。

hacer の活用表

単数	一人称	yo 私は	**hago** アゴ	複数	一人称	男 nosotros / 女 nosotras 私たちは	**hacemos** アセモス
	二人称	tú 君は	**haces** アセス		二人称	男 vosotros / 女 vosotras 君たちは	**hacéis** アセイス
	三人称	usted あなたは / él 彼は / ella 彼女は	**hace** アセ		三人称	ustedes あなたたちは / ellos 彼らは / ellas 彼女らは	**hacen** アセン

121

Unidad 30 tomar を使った表現

tomar は英語の take のような形でいろいろな表現に使うことができます。

1 ## Tomo un café.
トモ　ウン　カフェ

コーヒーを一杯飲みます。

2 ## Tomo el autobús para el aeropuerto.
トモ　エル　アウトブス　パra　エℓ
アエroプエrト

空港行きのバスに乗ります。

3 ## Tomo las vacaciones en agosto.
トモ　ℓaス　バカシオネス　エン
アゴスト

8月に休暇をとります。

vocabulario〈単語〉

aeropuerto アエroプエrト	男	空港
vacaciones バカシオネス	女	（複数形で）休暇

第3章　便利な動詞編

🞂 会話のポイント 🞀

1 Tomo un café.

「食べる」「飲む」の意味で使います。comer も「食べる」の意味ですが、「飲む」の意味で使うことはできません。

2 Tomo el autobús para el aeropuerto.

「(乗り物に) 乗る」の動作も tomar を使って表現します。

3 Tomo las vacaciones en agosto.

英語の「take」にあたるいろいろな意味を tomar を使って表すことができます。「風呂に入る」「シャワーを浴びる」「写真を撮る」なども tomar を使って言います。英語の take が使われる表現には大体 tomar が使われます。

▶ **Tomo un baño.** (風呂に入ります)
　トモ　ウン　バニョ

Tomo una foto de mar. (写真を撮ります)
　トモ　ウナ　フォト　デ　マr

tomar の活用表

単数	一人称	yo 私は	**tomo** トモ	複数	一人称	男 nosotros 女 nosotras 私たちは	**tomamos** トマモス
	二人称	tú 君は	**tomas** トマス		二人称	男 vosotros 女 vosotras 君たちは	**tomáis** トマイス
	三人称	usted あなたは él 彼は ella 彼女は	**toma** トマ		三人称	ustedes あなたたちは ellos 彼らは ellas 彼女らは	**toman** トマン

Unidad 29〜30 スペイン語作文トレーニング

日本語からスペイン語への転換練習です。日本語が聞こえたらポーズが入るので、スペイン語を話してみましょう。

1 ピアノの練習をします。
⇒ Hago 〜

2 いい天気ですね。
⇒ Hace 〜

3 夕食を作ります。
⇒ Hago 〜

4 ワインを飲みます。
⇒ Tomo 〜

5 地下鉄に乗ります。
⇒ Tomo 〜

6 写真をたくさん撮ります。
⇒ Tomo 〜

第3章　便利な動詞編

Hago práctica de piano.
アゴ　プraクティカ　デ　ピアノ
☺ hacer を使って活動していることを言います。

Hace buen tiempo.
アセ　ブエン　ティエンポ
☺ 天気について言うときは hacer を使います。

Hago la cena.
アゴ　la　セナ
☺ hacer は「作る」の意味も持っています。

Tomo vino.
トモ　ビノ
☺ como vino と言うことはできません。

Tomo el metro.
トモ　エl　メトro
☺「乗る」は tomar を使って言います。

Tomo muchas fotos.
トモ　ムチャス　フォトス
☺「撮る」は tomar を使って言います。

125

便利な表現 ❸

受け答えのフレーズ

何かを聞かれたときの受け答えのフレーズです。Sí. や No. 以外にも使えたら答え方の幅が広がりますね。

Sí, eso es. シ エソ エス	はい、その通りです。
Sí, exactamente. シ エクサクタ**メ**ンテ	はい、全くその通りです。
Creo que sí. ク**re**オ ケ シ	そうだと思います。
No, creo que no. ノ ク**re**オ ケ ノ	そうは思いません。
Comprendo. / Entiendo. コンプ**re**ンド エンティ**エ**ンド	わかります。
No comprendo. / ノ コンプ**re**ンド No entiendo. ノ エンティ**エ**ンド	わかりません。
No sé. ノ **セ**	知りません。
Yo también. ジョ タンビ**エ**ン	（肯定の内容を受けて） 私もです。
Yo tampoco. ジョ タン**ポ**コ	（否定の内容を受けて） 私もです。

第4章
シーン編

全部で44シーンのダイアログです。今までに学習したフレーズがいっぱい出てきます。CDを使って発声練習しましょう。

Unidad 31 機内

飲み物や料理を頼んだり、何かをもらったりするシーンです。por favor を活用しましょう。

飲み物を頼む

A: ¿Qué toma para beber?
お飲み物は何にしますか？

B: Vino tinto, por favor.
赤ワインをお願いします。

料理を選ぶ

A: Señor, ¿toma usted pescado o carne?
お魚とお肉、どちらにされますか？

B: Pescado, por favor.
お魚をお願いします。

第4章 シーン編

何かをもらう

A: ¿Me puede traer otra copa de vino, por favor?

ワインをもう一杯いただけますか？

B: Sí, enseguida. Aquí tiene.

はい、すぐに。どうぞ。

席を交換してもらう

A: ¿Nos puede cambiar el asiento por el de ellos?

彼らの席と交換していただけますか？

B: Lo siento, pero no puedo.

申し訳ございませんが、できません。

vocabulario 〈単語〉

vino tinto	赤ワイン	carne	女 肉
pescado	男 魚	otra	他の、（もう1つ）別の

129

Unidad 32 空港

入国審査でのやりとりや荷物トラブルのシーンです。

入国審査

A: ¿Cuál es el objeto de su estancia?
クアル エス エル オブヘト デス エスタンシア
滞在の目的は何ですか？

B: Visita turística.
ビシタ トゥriスティカ
観光のためです。

A: ¿Cuánto tiempo estará?
クアント ティエンポ エスタra
滞在はどれくらいですか？

B: Quince días.
キンセ ディアス
15日間です。

第4章　シーン編

スーツケースが出てこない 🎧 CD・61

A: No encuentro mi maleta.
ノ　エンク**エ**ント ro　ミ　マ**レ**タ
スーツケースが見つからないのですが。

B: Vaya usted al mostrador de "servicio de equipajes".
バジャ　ウス**テ**ー　ア**l**　モスト ra**ド** r　デ　セ**ル**ビシオ　デ
エキ**パ**ヘス
「荷物サービス」のカウンターに行ってください。

B: ¿Dónde quiere usted recoger su maleta?
ドンデ　キ**エ** re　ウス**テ**ー　rre コ**ヘ** r　ス　マ**レ**タ
スーツケースをどこで受け取りたいですか？

A: ¿Puede usted llevar mi maleta a mi hotel, por favor?
プ**エ**デ　ウス**テ**ー　ジェバ r　ミ　マ**レ**タ　ア　ミ　**オ**テ l
ポ r　ファ**ボ** r
ホテルに届けてもらえますか？

---

vocabulario 〈単語〉

objeto オブ**ヘ**ト	男 目的	**mostrador** モスト ra**ド** r	男 カウンター
estancia エス**タ**ンシア	女 滞在	**servicio** セ**ル**ビシオ	男 サービス
día **ディ**ア	男 日、1日、昼	**equipaje** エキ**パ**ヘ	男 荷物
encuentro エンク**エ**ント ro	**encontrar**（見つける）の一人称単数形	**recoger** rre コ**ヘ** r	引き取る
maleta マ**レ**タ	女 スーツケース	**llevar** ジェバ r	持っていく

131

乗り物

Unidad 33

地下鉄、鉄道、バス、タクシーなどの交通手段を使うときに役に立つシーンです。

---

1. 地下鉄に乗る

por favor を使って回数券や一日券を買いましょう。行き方について聞く表現も覚えましょう。

切符を買う

A: Un billete para la Costa Brava, por favor.
ウン　ビジェテ　パra　la　コスタ　ブraバ　ポr　ファボr
コスタ・ブラバまでの切符をください。

B: ¿Por una semana?
ポr　ウナ　セマナ
1週間定期ですか？

A: Sí. Es para Barcelona.
シ　エス　パra　バrセloナ
はい。バルセロナ市内用です。

B: Son 7 (siete) euros y 25 (venticinco) céntimos.
ソン　シエテ　エゥroス　イ　ベンティシンコ　センティモス
7ユーロ25セントです。

第4章 シーン編

行き方を聞く　CD・62

A: Para ir al Museo del Prado, ¿qué línea es?
プラド美術館に行くのは何号線ですか？

B: Tome la línea 1 en dirección a "Sol".
1号線のソル方面に乗ってください。

A: ¿Hay que cambiar de línea?
乗り換えなければなりませんか？

B: Sí, en Chamartín.
ええ、チャマルティンで。

---

vocabulario 〈単語〉

billete	男 切符	línea	女 路線
semana	女 週、1週間	cambiar	乗り換える
museo	男 美術館		

133

2. 鉄道に乗る

Desearía 〜. の表現を使って、AVE の席を予約しましょう。「何番線ですか？」と聞く表現なども便利なので、覚えましょう。

チケットを買う

A: Desearía reservar asiento en el Tren de Alta Velocidad de las 10 (diez) para Granada.

10時発の A.V.E でグラナダまで予約したいのですが。

B: Está completo.

満席です。

A: ¿Hay asientos para el tren siguiente?

次の電車に席はありますか？

B: Sí, en el tren de las diez y media.

はい、10時半発の電車に。

第4章 シーン編

行き方を聞く

CD・63

A: ¿De qué vía sale el tren para Bilbao?
ビルバオ行きの電車は何番線から出ますか？

B: Vaya usted a ver el tablero de anuncios, allí.
あちらの掲示板を見に行ってください。

A: Pero no está señalado.
でも、掲示されていません。

B: ¡Ah!, es demasiado pronto. Por favor espere un poco más.
早すぎるからですよ。もう少し待ってください。

vocabulario〈単語〉

reservar	予約する	pero	しかし
asiento	女 席	demasiado	あまりに
completo	満員の	pronto	早く
siguiente	次の	espere	esperar（待つ）の一人称複数の命令形
vía	女 線路	poco	少し
tablero de anuncios	掲示板	más	もっと

135

3. バスに乗る

¿Va este autobús a ~? を使って、バスの行き先を確認しましょう。

行き方を聞く

A: ¿Va este autobús a la estación de Chamartín?
このバスはチャマルティン駅に行きますか？

B: No, es en el otro lado.
いえ、反対側です。

A: ¿Cuál es la línea para ir a la plaza de Colón?
コロン広場に行く路線はどれですか？

B: Es la línea 3.
3番線です。

vocabulario〈単語〉

autobús	男 バス	lado	男 ～側
estación	女 駅	plaza	女 広場
otro	他の、もう一方の		

第4章　シーン編

> ## 4. タクシーに乗る
> 行き先を伝えるときには、「行き先＋ por favor」で OK です。

行き先を伝える

CD・65

A: ¿A dónde desea usted ir?
　　ア　　ドンデ　　デ**セ**ア　　ウス**テ**ー　　**イ**r

どちらまで行きますか？

B: A la estación de Chamartín, por favor.
　　ア　la　エスタシ**オ**ン　デ　チャマr**ティ**ン　　**ポ**r　　ファ**ボ**r

チャマルティン駅までお願いします。

A: Bueno, ya estamos aquí.
　　ブ**エ**ノ　　ジャ　エス**タ**モス　　ア**キ**

さあ、着きましたよ。

B: Gracias, ¿cuánto es?
　　グ**ra**シアス　　ク**アン**ト　　**エ**ス

ありがとうございます。いくらになりますか？

A: 23 (veintitrés) euros y 50 (cincuenta) céntimos.
　　ベインティト**re**ス　　**エゥ**roス　イ　　シンク**エ**ンタ
　　センティモス

23 ユーロ 50 セントです。

137

Unidad 31〜Unidad 33 スペイン語作文トレーニング

日本語からスペイン語への転換練習です。日本語が聞こえたらポーズが入るので、スペイン語を話してみましょう。

1 すみません、通していただけますか？
⇒ Perdón, 〜

2 スーツケースが見つからないのですが。
⇒ No 〜

3 アトチャ（駅）に行くのは何号線ですか？
⇒ Para ir 〜

4 マドリードからグラナダまでの往復をお願いします。
⇒ Quisiera 〜

5 このバスはレティロ公園に行きますか？
⇒ ¿Va este 〜

6 いくらになりますか？
⇒ ¿Cuánto 〜

第4章 シーン編

Perdón, ¿me deja pasar?
ペrドン　メ　デハ　パサr

☺ 機内やお店などいろいろなところで使えます。

No encuentro mi maleta.
ノ　エンクエントro　ミ　マ**le**タ

☺ 「〜ない」と否定するときは no を付けます。

Para ir a Atocha, ¿qué línea es?
パra　イr　ア　アトチャ　ケ　**li**ネア　エス

☺ qué で「どの〜」を表します。

Quisiera un billete de ida y vuelta Madrid-Granada, por favor.
キシエra　ウン　ビジェテ　デ　イダ　イ　ブエlタ
マドriッ　グraナダ　ポr　ファボr

¿Va este autobús al Parque del Retiro?
バ　エステ　アウトブス　アl　パrケ　デl　rreティro

☺ 電車やトラムの場合にも使えます。

¿Cuánto es?
クアント　エス

☺ cuánto は「どれくらい」を表します。

139

Unidad 31～Unidad 33 音読ロールプレイ

まずは会話全体がスペイン語で流れます。そのあとにAさん、Bさんの
パートをそれぞれロールプレイしてみましょう。

〜 1回目 〜 CD・67

シーン1　日本の新聞がほしい

A: ¿Qué desea?
　　　ケ　　デセア

B: 日本の新聞をもらえますか？

A: Sí, en seguida.
　　　シ　エン　　セギダ

シーン2　切符を買う

A: バルセロナまで片道、お願いします。

B: ¿En primera, o en segunda clase?
　　　エン　プリメra　オ エン　セグンダ　　クラセ

A: 二等です。

シーン3　タクシーで行き先を伝える

A: ¿A dónde va usted?
　　　ア　ドンデ　バ　ウステー

B: ホテルまでお願いします。

A: Bien. ¡Entendido!
　　　ビエン　　　エンテンディド

140

第4章 シーン編

2回目　CD・67

シーン1

A: ご用を承ります。

B: ¿Puede darme el periódico en japonés?
　　プエデ　ダrメ　エl　ペriオディコ　エン　ハポネス

A: はい、すぐにお持ちします。

シーン2

A: Un billete de ida a Barcelona.
　　ウン　ビジェテ　デ　イダ　ア　バrセlоナ

B: 一等ですか、二等ですか？

A: En segunda.
　　エン　セグンダ

シーン3

A: どこまで行きますか？

B: Al hotel, por favor.
　　アl　オテl　ポr　ファボr

A: わかりました。

Unidad 34 ホテル

部屋を予約する、チェックインやチェックアウトをするときのシーンです。

1. 予約する

予約をするときには部屋のタイプ、宿泊日、宿泊日数などを伝えましょう。細かい希望がある場合にはそれも一緒に伝えましょう。

部屋を予約する

A: Quisiera reservar una habitación individual.
シングルの部屋を予約したいのですが。

B: ¿Para qué días quiere usted reservar?
いつのご予約でしょうか。

A: Para siete noches a partir del 23 (veintitrés) de septiembre.
9月23日から7泊です。

B: Sí, ¿su nombre por favor?
はい、お名前をいただけますか？

A: Hiroshi Kobayashi.
小林浩です。

第4章 シーン編

部屋を選ぶ

A: ¿Prefiere usted una habitación con ducha o con cuarto de baño?

シャワーのみか、バス付きか、どちらの部屋がよろしいでしょうか？

B: Con cuarto de baño, por favor.

バス付きをお願いします。

B: ¿Cuánto es la noche?

一泊いくらですか？

A: 80 (ochenta) euros.

80ユーロです。

vocabulario 〈単語〉

habitación	女 部屋	septiembre	男 9月
día	男 日	prefiere	preferir (〜のほうを好む) の三人称単数形
noche	女 夜	ducha	女 シャワー
a partir del 〜	〜から	cuarto de baño	浴室

2. チェックイン／チェックアウト

チェックインやチェックアウトのしかたは基本的には日本とあまり変わりません。

チェックインする

A: Buenos días, tengo una reserva a nombre de Kobayashi.

こんにちは。小林の名前で予約しています。

B: ¿Puede usted deletrear su nombre, por favor?

お名前のつづりを言っていただけますか？

A: Sí: K, O, B, A, Y, A, S, H, I.

はい、KOBAYASHI です。

B: Usted ha reservado una habitación individual para siete noches, ¿es así?

シングルでのお部屋で、7泊ですね。

第4章 シーン編

チェックアウトする 🎧 CD・69

A: Aquí le dejo la llave. ¿Cuánto le debo, por favor?

カギをお返しします。いくら支払えばいいですか？

B: Un momento, por favor. 560 (quinientos sesenta) euros en total.

少々お待ちください。全部で560ユーロです。

A: ¿Puedo pagar con tarjeta de crédito?

クレジットカードで支払えますか？

B: Sí, claro. Aquí tiene el recibo.

もちろんです。こちらが領収証です。

---

vocabulario〈単語〉

reserva	女 予約	pagar	支払う
nombre	男 名前	tarjeta de crédito	クレジットカード
deletrear	つづりを言う	claro	もちろん
dejo		recibo	男 領収証
llave	女 鍵		

dejar（置いておく）の一人称単数形

145

Unidad 35 レストラン

お店の予約をする、席に案内される、注文する、食事中のシーンです。

1. 予約する／店に入る

予約するフレーズには、日時や人数など数を伝える表現が多いです。間違えないようにしましょう。

予約する　CD・70

A: Desearía reservar una mesa para el viernes a las 8 (ocho) de la tarde. ¿Es posible?
金曜日の夜8時に予約をしたいのですが。可能ですか？

B: ¿Para cuántas personas?
何名様ですか？

A: Para cuatro personas.
4名です。

B: Sí, es posible. ¿Puede decirme su nombre y el número de teléfono, por favor?
はい、お受けできます。お名前と電話番号をいただけますか？

146

第4章 シーン編

入店する

A: Buenas tardes. ¿Cuántos son ustedes?
ブエナス　タrデス　　クアントス　ソン　ウステデス
いらっしゃいませ。何名様ですか？

B: Somos dos.
ソモス　ドス
2名です。

A: Pasen por aquí, por favor.
パセン　ポr　アキ　ポr　ファボr
こちらへどうぞ。

vocabulario〈単語〉

mesa メサ	女 テーブル	posible ポシブℓe	可能な
viernes ビエrネス	男 金曜日	persona ペrソナ	女 人
tarde タrデ	女 夕方、晩	pasen パセン	pasar（通る）の三人称複数形

147

2. 注文する／味わう

注文するときは、Lo tomo. を使います。料理の感想を伝える表現も覚えましょう。

注文する

A: ¿Qué desea usted tomar?
ケ デセア ウステー トマr
ご注文をうかがいましょうか？

B: ¿Cuál es el plato del día?
クアl エス エl プラat デl ディア
本日のオススメ料理は何ですか？

A: Pollo asado.
ポジョ アサド
ポジョアサド（鳥の丸焼き）です。

B: Parece bueno. Lo tomo.
パreセ ブエノ lo トモ
おいしそうですね。それをいただきます。

B: Y un vaso de vino tinto, por favor.
イ ウン バソ デ ビノ ティント ポr ファボr
あと、赤ワインをグラスでお願いします。

第4章 シーン編

食事を楽しむ 🎧 CD·71

A: Este pollo asado es delicioso.
エステ ポジョ アサド エス デℓiシオソ
このポジョアサド、すごくおいしい！

B: Este vino tinto va muy bien con este plato.
エステ ビノ ティント バ ムイ ビエン コン エステ プℓaト
この赤ワインは料理によく合うね。

A: Sí, pero es un poco pesado.
シ ペro エス ウン ポコ ペサド
うん、でもちょっと重いわね。

B: Eres un poco exigente.
エreス ウン ポコ エシヘンテ
君は好みがうるさいんだな。

---

vocabulario 〈単語〉

plato del día プℓaト デℓ ディア	本日のオススメ料理	delicioso デℓiシオソ	おいしい
parece パreセ	parecer（〜のようである）の三人称単数形	muy ムイ	たいへん、とても
bueno ブエノ	良い	poco ポコ	少し
vaso バソ	男 グラス、コップ	pesado ペサド	（味が）くどい
tinto ティント	赤い	exigente エクシヘンテ	多くを要求する（人）

149

Unidad 36 軽食

カフェとファーストフードで、注文をするときのシーンです。

1. カフェ

店員を呼びたいときには Por favor. で OK です。「～をください」は頼みたいもののあとに por favor を付ければいいだけです。

注文する　CD・72

A: Por favor.
ポr　ファボr
お願いします。

B: Enseguida, señoras.
エンセギダ　セニョraス
はい、ただいま。

A: Un café, por favor.
ウン　カフェ　ポr　ファボr
コーヒーをひとつください。

C: Para mí, una taza de chocolate.
パra　ミ　ウナ　タサ　デ　チョコぁテ
私にはホットココアを。

150

第4章　シーン編

会計する

A: Señor, la cuenta, por favor.
お会計をお願いします。

B: El recibo está sobre la mesa.
レシートがテーブルにありますよ。

A: Pero creo que hay un error. Yo no he tomado café con leche.
でも、間違いがあると思います。カフェオレは注文していません。

B: Ah, es verdad. Lo siento, señora.
ああ、そうですね。申し訳ありません。

vocabulario〈単語〉

señoras	女 奥さま方（señora の複数形）
para	～には
taza de chocolate	ホットココア
cuenta	女 勘定（書）
sobre	～の上に
creo	creer（信じる、思う）の一人称単数形
error	男 間違い
café con leche	カフェオレ
verdad	女 真実、事実

151

2. ファストフード

持ち帰りか、食べていくか、といった表現はファストフードでよく聞かれます。

注文する❶

A: ¿Es para tomar aquí o para llevar?
エス パra トマr アキ オ パra ジェバr
こちらで召し上がりますか、それともお持ち帰りですか？

B: Para tomar aquí. El menú de hamburguesa, por favor.
パra トマr アキ エl メヌ デ アンブrゲサ ポr ファボr
ここで食べます。ハンバーガーセットをお願いします。

A: ¿Qué toma usted para beber?
ケ トマ ウステー パra ベベr
お飲み物は何にしますか？

B: Una cocacola.
ウナ コカコla
コーラにします。

第4章 シーン編

注文する❷   CD・73

A: Un bocadillo, por favor.
ウン　　ボカ**ディ**ジョ　　**ポ**r　　ファ**ボ**r
ボカディーリョ（スペイン風サンドイッチ）をください。

B: ¿Toma alguna otra cosa?
　　トマ　　　ア**ル**グナ　　**オ**トra　　**コ**サ
他に何かご注文はありますか？

A: Sí, un zumo de naranja.
　　シ　　ウン　　**ス**モ　　デ　　ナ**ra**ンハ
はい、オレンジジュースを。

B: ¿Eso es todo?
　　エソ　**エ**ス　**ト**ド
これで全部ですか？

A: Sí.
　　シ
はい。

B: Son 7 (siete) euros.
　　ソン　　　シ**エ**テ　　**エゥ**roス
7ユーロになります。

---

vocabulario 〈単語〉

o オ	または	otra **オ**トra	他の
hamburguesa アンブr**ゲ**サ	女 ハンバーガー	cosa **コ**サ	女 モノ
beber ベ**ベ**r	飲む	zumo de naranja **ス**モ　デ　ナ**ra**ンハ	女 オレンジジュース
cocacola コカ**コ**ℓa	女 コカコーラ	todo **ト**ド	すべて
alguna ア**ル**グナ	何らかの、どれかの		

153

Unidad 34〜Unidad 36 スペイン語作文トレーニング

日本語からスペイン語への転換練習です。日本語が聞こえたらポーズが入るので、スペイン語を話してみましょう。

1 ツインの部屋を予約したいのですが。
⇒ Desearía 〜

2 田中の名前で予約しています。
⇒ Tengo 〜

3 30ユーロのコース料理をいただきます。
⇒ Tomo 〜

4 ホットココアがほしいのですが。
⇒ Desearía 〜

5 ハムサンドとオレンジジュースをお願いします。
⇒ Un sandwich 〜

6 持って帰ります。
⇒ Desearía 〜

第4章 シーン編

Desearía reservar una habitación con dos camas.
デセアríア　rreセrバr　ウナ　アビタシオン
コン　ドス　カマス

Tengo una reserva a nombre de Tanaka.
テンゴ　ウナ　rreセrバ　ア　ノンブre　デ　タナカ
☺「予約を持っている」という表現をします。

Tomo el menú de 30 (treinta) euros.
トモ　エl　メヌ　デ　トreインタ　エゥroス
☺英語の take にあたる tomar は便利な動詞です。

Desearía una taza de chocolate.
デセアríア　ウナ　タサ　デ　チョコlaテ
☺Desearía 〜. は「〜がほしいのですが」とやわらかくお願いできます。

Un sandwich de jamón y un zumo de naranja, por favor.
ウン　サンドイチ　デ　ハモン　イ　ウン　スモ
デ　ナraンハ　ポr　ファボr

Desearía llevármelo.
デセアríア　ジェバr メロ
☺そこで食べていくのではなく、テイクアウトしたいときに使います。

155

Unidad 34〜36 音読ロールプレイ

まずは会話全体がスペイン語で流れます。そのあとにAさん、Bさんのパートをそれぞれロールプレイしてみましょう。

1回目　CD・75

シーン1　電話でホテルを予約する

A: **Servicio de reservas, ¡buenos días!**
セrビシオ　デ　rreセrバス　プエノス　ディアス

B: シングルの部屋を予約したいのですが。

A: **¿Para qué días quiere usted reservar?**
パra　ケ　ディアス　キエre　ウステー　rreセrバr

シーン2　電話でレストランを予約する

A: 明日の晩の席の予約をしたいのですが。

B: **¿Para cuántas personas?**
パra　クアンタス　ペrソナス

A: 5名です。

シーン3　料理の感想を伝える

A: すごくおいしかったです。

B: **Gracias, señora.**
グraシアス　セニョra

A: 白ワインがよく合いますね。

156

第4章 シーン編

2回目

シーン1

A: 予約係です。

B: Desearía reservar una habitación individual.

A: いつのご予約でしょうか？

シーン2

A: Desearía reservar una mesa para mañana por la noche.

B: 何名様ですか？

A: Para cinco personas.

シーン3

A: Ha estado delicioso.

B: ありがとうございます、お客様。

A: El vino blanco le va muy bien.

買い物

Unidad 37

デパートで探し物を伝えたり、試着をしたり、市場で味見したりするシーンです。

1. デパート

「～がほしいです」は Quiero ～. を使います。試着を頼んだり、違うサイズや色を希望する表現も覚えましょう。

探し物を伝える

CD・76

A: ¿Busca usted algo?
　　ブスカ　　ウステー　　アㇽゴ
何かお探しですか？

B: Quiero una chaqueta.
　　キエro　　ウナ　　チャケタ
ジャケットがほしいです。

A: Esta está de moda ahora.
　　エスタ　エスタ　デ　モダ　　アオra
最近こちらが流行っています。

B: ¿La tiene usted en marrón?
　　ℓa　ティエネ　ウステー　エン　マrroン
これの茶色はありますか？

第4章 シーン編

試着する

A: ¿Puedo probármelo?
試着してもいいですか？

B: Sí, claro. Los probadores están allí.
はい、もちろんです。試着室はそちらです。

B: ¿Le gusta?
いかがですか？

A: Es un poco grande.
ちょっと大きいです。

A: ¿Tiene usted una talla más pequeña?
もっと小さいサイズはありますか？

---

vocabulario〈単語〉

busca	buscar（探す）の三人称単数形	probador	男 試着室
algo	何か	grande	大きい
moda	女 流行	talla	女 サイズ
ahora	今	más	もっと
marrón	茶色	pequeña	小さな

159

2. 市場

市場ではお店の人たちと会話するのも楽しみのひとつ。気さくな人がとても多いので、どんどん話しかけてみましょう。

果物を買う

A: Señor, ¿desea usted alguna cosa?
セニョール、何になさいますか？

B: Buenos días. Desearía tres naranjas , por favor.
こんにちは。オレンジを3個ください。

A: Aquí tiene, señor. ¿Algo más?
はい、こちらです。他には？

B: Eso es todo, gracias. ¿Cuánto es?
それで全部です、ありがとう。いくらになりますか？

第4章　シーン編

おすすめを味見する

A: ¿Qué embutido me recomienda?
どのソーセージがおすすめですか？

B: Este chorizo. Es delicioso.
このチョリソだね。すごくおいしいよ。

A: ¿Puedo probarlo?
味見してもいいですか？

B: ¡Claro!
もちろん！

vocabulario 〈単語〉

embutido	男 ソーセージ
recomienda	recomendar（推薦する）の三人称単数形
chorizo	男 チョリソ（豚の腸詰）

Unidad 38 観光

美術館やサッカー観戦に行くシーン、目的地を探すシーン、写真撮影のシーンです。

1. 美術館

¿Hasta qué hora está ～？は開館時間を聞くときに使えます。
¿Dónde está ～？は場所を聞く表現なので、覚えていると便利です。

開館時間を聞く　CD・78

A: ¿Hasta qué hora está abierto el museo, hoy?
アスタ　ケ　オra　エスタ　アビエrト　エl　ムセオ　オイ
美術館は今日は何時まで開いていますか？

B: Hasta las 8 (ocho).
アスタ　laス　オチョ
8時までです。

A: ¿Tiene usted un folleto en japonés?
ティエネ　ウステー　ウン　フォジェト　エン　ハポネス
日本語のパンフレットはありますか？

B: Sí, aquí tiene.
シ　アキ　ティエネ
はい、どうぞ。

A: Muchas gracias, señor.
ムチャス　グraシアス　セニョr
ありがとうございます。

第4章 シーン編

作品の場所を聞く CD·78

A: ¿Dónde está *"La Maja Desnuda"* de Goya?

ゴヤの『裸のマハ』はどこにありますか？

B: En el primer piso. Es magnífico ese cuadro de Goya.

1階です。素晴らしいですよ、あのゴヤの絵は。

A: Muchas gracias, señor. Tengo ganas de verlo.

ありがとうございます。早く見たいです。

＊スペインでの1階は日本の2階にあたります。

vocabulario 〈単語〉

abierto	開いている	magnífico	素晴らしい、見事な
hoy	今日	cuadro	男 絵
folleto	男 パンフレット	tengo ganas de ...	〜したい、〜することを望む
primer piso	1階（日本の2階にあたる）		

163

2. サッカー観戦

試合のチケットを購入する日にち、席の種類、チケットの枚数を伝える表現を身につけましょう。

当日券を買う

A: Dos billetes para el encuentro Madrid-Barcelona de hoy, por favor.
今日のバルセロナ対マドリードの試合のチケットを2枚お願いします。

B: ¿Qué asiento desea usted?
どこの席がいいですか？

A: En el primer piso, asiento general.
1階の一般席がいいです。

B: Perdón, pero ya no hay billetes.
すみませんが、売り切れです。

前売り券を買う

A: ¿Se puede comprar todavía el billete para el encuentro del 24 (veinticuatro) de agosto?

8月24日の試合のチケットはまだ買えますか？

B: Sí, se puede comprar.

はい、ご購入できます。

A: Dos billetes de la categoría A, por favor.

カテゴリーAの席を2枚お願いします。

vocabulario 〈単語〉

billete	男 チケット	general	一般的な
encuentro	男 対戦	comprar	買う
hoy	今日	todavía	まだ
asiento	男 席	categoría	女 カテゴリー

3. 道をたずねる

道を聞くときには ¿Cómo se va 〜? を使います。「〜を曲がる」「まっすぐ進む」などの表現もしっかり覚えましょう。

道を聞く❶

A: Perdón, señora. ¿Cómo se va a la plaza de España?

すみません、スペイン広場はどう行ったらいいでしょうか?

B: Primero, vaya todo derecho. Luego gire a la izquierda en el primer semáforo. Está a su derecha.

まず、まっすぐ行ってください。それから、最初の信号で左に曲がります。そうすると右手にありますよ。

A: ¿Cuánto se tarda hasta allí?

そこに行くのにどれくらい時間がかかりますか?

B: Unos diez minutos.

10分くらいです。

A: Muchas gracias, señora.

ありがとうございます。

第4章 シーン編

道を聞く❷ 　CD・80

A: Perdone, señor. Busco el restaurante
　　ペrドネ　　　セニョr　　　ブスコ　エl　rreスタウランテ
"Pedro".
　　ペドロ

すみません、「ペドロ」というレストランを探しています。

B: Tome usted la primera calle a la derecha
　　トメ　　ウステー　la　プリメra　　カジェ　ア la　デreチャ
y vaya usted todo recto. Está al lado de
　イ　バジャ　ウステー　　トド　　rreクト　　エスタ　アl laド　デ
una farmacia.
　　ウナ　　ファrマシア

最初の通りを右に進んで、ずっとまっすぐ行ってください。薬局の隣にありますよ。

A: Muchas gracias, señor.
　　ムチャス　　　グraシアス　　　セニョr

ありがとうございます。

---

vocabulario 〈単語〉

primero プriメro	まず、最初に	**derecha** デreチャ	女 右
derecho デreチョ	まっすぐに	**calle** カジェ	女 通り
luego luエゴ	次に	**todo recto** トド　rreクト	ずっとまっすぐ
gire ヒre	girar（曲がる）の三人称単数形の命令形	**al lado de ~** アl laド　デ	～の隣に
izquierda イスキエrダ	女 左	**farmacia** ファrマシア	女 薬局
semáforo セマフォro	男 信号		

167

4. 写真撮影

写真を撮ってもらう表現を覚えましょう。また、美術館などで作品を撮影していいかどうかを聞くときの表現も紹介します。

写真を撮っていいか聞く

A: ¿Se pueden sacar fotos?
セ プ**エ**デン サ**カ**r **フォ**トス
写真を撮ってもいいですか？

B: Sí, pero no puede usted usar el flash.
シ ペro ノ プ**エ**デ ウス**テ**ー **ウサ**r エl フ**ℓa**シ
ええ、でもフラッシュは使えません。

A: Bien, gracias.
ビ**エ**ン グ**ra**シアス
分かりました。

B: Desde aquí puede usted sacar bellas fotos.
デスデ ア**キ** プ**エ**デ ウス**テ**ー サ**カ**r **ベ**ジャス **フォ**トス
ここからだと、いい写真が撮れますよ。

A: Muchas gracias, señor.
ムチャス グ**ra**シアス セ**ニョ**r
ありがとうございます。

第4章 シーン編

好きな場所で撮ってもらう

A: **¡Qué bella vista! ¿Me puede usted sacar una foto?**
ケ ベジャ ビスタ メ プエデ ウステー サカr
ウナ フォト
なんて美しい眺めだろう！ 写真を撮ってもらえますか？

B: **Sí, sonría. ¡Ya está!**
シ ソンriア ジャ エスタ
はい。笑ってどうぞ。

A: **Muchas gracias, señora.**
ムチャス グraシアス セニョra
ありがとうございます。

---

vocabulario 〈単語〉

sacar サカr	撮る	bella ベジャ	美しい
foto フォト	女 写真	vista ビスタ	女 眺め
usar ウサr	使う、使用する	sonría ソンriア	sonreír（微笑む）の三人称単数形の命令形
flash フラシ	男 フラッシュ		

169

Unidad 37〜Unidad 38 スペイン語作文トレーニング

日本語からスペイン語への転換練習です。日本語が聞こえたらポーズが入るので、スペイン語を話してみましょう。

1 ベルトを探しています。
⇒ Busco 〜

2 もっと大きいサイズはありますか？
⇒ ¿Tiene 〜

3 日本語の音声ガイドはありますか？
⇒ ¿Hay 〜

4 4月18日の席を3枚、お願いします。
⇒ Desería 〜

5 プラド美術館にはどのように行ったらいいですか？
⇒ ¿Cómo 〜

6 写真を撮ってもらえますか？
⇒ ¿Me 〜

Busco un cinturón.
ブスコ　　ウン　　　シントゥ**ro**ン
☺ Quiero 〜でも同じように使えます。

¿Tiene usted una talla más grande?
ティ**エ**ネ　ウス**テ**ー　**ウ**ナ　**タ**ジャ　**マ**ス　グ**ra**ンデ
☺「もっと〜なもの」の言い方です。

¿Hay una guía auditiva en japonés?
アイ　**ウ**ナ　**ギ**ア　アウディ**ティ**バ　**エ**ン　ハポ**ネ**ス
☺ 美術館などで使える便利なフレーズです。

Desearía tres asientos para el
デセア**ri**ア　ト**re**ス　アシ**エ**ントス　**パ**ra　**エ**ℓ

18 (dieciocho) de abril, por favor.
ディエシ**オ**チョ　デ　アブ**ri**ℓ　**ポ**r　ファ**ボ**r

¿Cómo se va al Museo del Prado?
コモ　セ　バ　ア**ℓ**　ム**セ**オ　デ**ℓ**　プ**ra**ド
☺ Cómo で「どのように」を表します。

¿Me podría sacar una foto?
メ　ポド**ri**ア　サ**カ**r　**ウ**ナ　**フォ**ト
☺ 自分を撮ってもらいたいときに使います。

171

Unidad 37～Unidad 38 音読ロールプレイ

まずは会話全体がスペイン語で流れます。そのあとにAさん、Bさんのパートをそれぞれロールプレイしてみましょう。

〜 1回目 〜　CD・83

シーン1　ジャケットがほしい

A: ¿Busca usted algo?
　　ブスカ　　ウステー　　アˡゴ

B: ジャケットを探しています。

A: Ahora, ésta está de moda.
　　アオra　　エスタ　エス**タ**　デ　　モ**ダ**

シーン2　作品の場所を聞く

A: ゴヤの絵はどこにありますか？

B: En el primer piso.
　　エン エˡ　ᵖriメr　　ピソ

A: ありがとうございます。

シーン3　チケットを買う

A: 10月10日で2枚、お願いします。

B: Sí. ¿Qué asiento desea usted?
　　シ　　ケ　　アシエント　　デセア　　ウステー

A: カテゴリーBでお願いします。

第4章 シーン編

2回目

シーン1

A: 何かお探しですか？

B: Busco una chaqueta.
   ブスコ　ウナ　チャケタ

A: 最近、こちらが流行っています。

シーン2

A: ¿Dónde están las pinturas de Goya?
   ドンデ　エスタン　laス　ピントゥraス　デ　ゴジャ

B: 1階です。

A: Muchas gracias.
   ムチャス　グraシアス

シーン3

A: Dos billetes para el 10 (diez) de octubre.
   ドス　ビジェテス　パra　エl　ディエス　デ　オクトゥブre

B: はい。どの席がいいですか？

A: Categoría B, por favor.
   カテゴriア　ベ　ポr　ファボr

日常

Unidad 39

夕食に招待されときのシーンや週末の予定を聞いて遊びに誘うシーンです。

1. 夕食への招待

友人から夕食に招待される場面です。予定をたずねる、招待する、招待に応じる表現を覚えましょう。

あいさつ

CD・84

A: Buenos días. ¿Cómo está usted?
ブエノス ディアス コモ エスタ ウステー
こんにちは。お元気ですか？

B: Muy bien, gracias. ¿Y usted?
ムイ ビエン グraシアス イ ウステー
とても元気です、ありがとう。あなたは？

A: Muy bien, gracias. Oiga, ¿qué va usted a hacer mañana?
ムイ ビエン グraシアス オイガ ケ バ ウステー ア アセr マニャナ
元気です。ところで、明日は何をしますか？

B: No tengo planes especiales.
ノ テンゴ プlaネス エスペシアleス
特に予定はありません。

174

第4章 シーン編

招待を受ける　CD·84

A: Entonces, ¿viene usted a cenar a casa?
それなら、うちに夕食に来ませんか？

B: Con mucho gusto. Gracias por su invitación. ¿A qué hora debería ir?
喜んで。ご招待、ありがとうございます。何時に行けばいいですか？

A: Por favor venga a las 6 (seis).
6時に来てください。

B: Pienso con mucha ilusión en ello.
楽しみにしています。

---

vocabulario〈単語〉

plan	男 計画	cenar	夕食をとる
especial	特別な	ilusión	女 楽しみ
entonces	それなら		

2. 週末の予定

予定を問う、旅行の提案をする、待ち合わせ場所や時刻を決める表現を覚えましょう。

週末に誘う

CD・85

A: ¿Tienes algún plan para este fin de semana?
週末の予定ある？

B: No, nada especial.
ううん、特に何も。

A: Yo voy a Andalucía con mis amigos. ¿Vienes con nosotros?
友達とアンダルシアに行くの。一緒に行かない？

B: Con mucho gusto. No conozco Andalucía. Quiero ir allí.
喜んで。アンダルシアは知らないんだ。行ってみたいよ。

待ち合わせする

A: Esta tarde voy a la estación de Atocha para comprar unos billetes de AVE.

午後、アトチャ駅に AVE の切符を買いに行くんだ。

B: Ah, ¿sí? ¿Puedo ir contigo?

そうなの？　一緒に行ってもいい？

A: Entonces, nos encontramos aquí después de la clase.

じゃあ、授業の後、ここで待ち合わせしよう。

B: Vale, hasta luego.

わかった、またあとでね。

A: Hasta ahora.

またすぐあとで。

---

vocabulario 〈単語〉

fin de semana	週末	después de	〜の後で
conozco	conocer ((体験的に)知っている)の一人称単数形	clase	女 授業
comprar	買う	vale	わかった、オーケー

トラブル

Unidad 40

病院で身体の症状を伝える診察のシーン、盗難に遭ったときのシーンです。

1. 病気

どこが悪いかを伝えるには Me duele 〜. を使います。日本語を話す医者がいるか、症状の度合いを聞く表現も覚えましょう。

自分の症状を伝える

A: ¿Qué le pasa?
どうしたのですか？

B: Es la diarrea. Me duele la cabeza. ¿Hay un médico que hable japonés?
下痢です。頭も痛いです。日本語を話すお医者さんはいますか？

A: No, pero hay un médico que habla inglés.
いえ、でも英語を話す医者はいます。

B: Desearía consultar a ese médico.
その人に診てもらいたいです。

第4章 シーン編

診察を受ける

A: Usted tiene intoxicación de alimentos.
食中毒です。

B: ¿Es grave, doctor?
先生、ひどいですか？

A: No, no es grave.
いえ、たいしたことはありません。

B: ¿Puedo continuar el viaje?
旅行を続けてもいいですか？

A: Sí, aquí tiene la receta. Vaya usted a la farmacia.
いいですよ。はい、こちらが処方箋です。薬局に行ってください。

vocabulario〈単語〉

diarrea	女 下痢	continuar	続ける
médico	男 医者	viaje	男 旅行
consultar	相談する	receta	女 処方箋
intoxicación	女 中毒	farmacia	女 薬局
alimento	男 食物		

2. 盗難

盗難の届出をするときに使う表現を覚えましょう。盗まれたものを伝える、何をするべきなのかを聞くといった表現です。

届出を出す❶

A: Es para una declaración de robo.
盗難届です。

B: ¿Qué le han robado?
何を盗まれましたか？

A: Mi bolso.
バッグです。

B: ¿Qué había dentro?
何が入っていましたか？

A: Mi pasaporte, mi tarjeta bancaria y mi monedero.
パスポート、キャッシュカード、財布です。

第4章　シーン編

届出を出す❷

A: Rellene este formulario, por favor.
こちらの用紙に記入してください。

B: ¿Y para el pasaporte?
それで、パスポートのほうは？

A: Tiene usted que ir a la Embajada de Japón.
日本大使館に行かなくてはいけません。

vocabulario〈単語〉

declaración de robo	盗難届	tarjeta bancaria	女 キャッシュカード
robado	robar（盗む）の過去分詞形	monedero	男 財布
bolso	男 カバン	rellene	rellenar（記入する）の三人称単数の命令形
dentro	中に	formulario	男 用紙
pasaporte	男 パスポート	embajada	女 大使館

181

Unidad 39〜Unidad 40 スペイン語作文トレーニング

日本語からスペイン語への転換練習です。日本語が聞こえたらポーズが入るので、スペイン語を話してみましょう。

1 明日は何をしますか？
⇒ ¿Qué va 〜

2 日曜日にサッカーを見に行くんだ。一緒に行かない？
⇒ El domingo 〜

3 喜んで！
⇒ ¡Con 〜

4 明日、家に昼食を食べに来ませんか？
⇒ ¿Puede usted 〜

5 喉が痛いです。
⇒ Me duele 〜

6 英語を話すお医者さんはいますか？
⇒ ¿Hay 〜

¿Qué va usted a hacer mañana?
ケ　バ　ウステー　ア　アセr　マニャナ

☺誘うときのきっかけをつくるフレーズです。

El domingo voy a ver el fútbol.
エℓ　ドミンゴ　ボイ　ア　ベr　エℓ　フッボℓ

¿Quieres venir?
キエreス　ベニr

¡Con mucho gusto!
コン　ムチョ　グスト

☺嬉しい気持ちを表現したいときに使います。

¿Puede usted venir a casa mañana
プエデ　ウステー　ベニr　ア　カサ　マニャナ

a mediodía a comer?
ア　メディオディア　ア　コメr

Me duele la garganta.
メ　ドゥエℓe　ℓa　ガrガンタ

☺Me duele～. で病状を表します。

¿Hay un médico que hable Inglés?
アイ　ウン　メディコ　ケ　アブℓe　イングℓeス

☺知っておくと便利な表現です。

Unidad 39〜Unidad 40 音読ロールプレイ

まずは会話全体がスペイン語で流れます。そのあとにAさん、Bさんのパートをそれぞれロールプレイしてみましょう。

1回目　CD・89

シーン1　予定を聞く

A: 土曜日の夜に予定ある？

B: **Por la noche estoy libre.**
　　ポr　la　ノチェ　エス**ト**イ　**リ**ブre

A: 映画を見に行くんだ。一緒に行かない？

シーン2　待ち合わせる

A: 3時に公園で待ち合わせよう。

B: **Vale.**
　　バレ

A: またあとでね！

シーン3　症状を伝える

A: **¿Qué le duele a usted?**
　　ケ　le　ドゥ**エ**le　ア　ウス**テ**ー

B: ここが痛みます。

A: **¿Desde cuándo?**
　　デスデ　ク**ア**ンド

第4章 シーン編

2回目

シーン1

A: ¿Tienes algún plan para el sábado por la noche?

B: 夜は暇だよ。

A: Voy al cine. ¿Vienes conmigo?

シーン2

A: Nos vemos a las 3 en el parque.

B: わかった。

A: ¡Hasta ahora!

シーン3

A: どこが痛みますか？

B: Me duele aquí.

A: いつからですか？

文法コーナー

1. 名詞

名詞の性

　スペイン語の名詞には、男性名詞と女性名詞があります。名詞の性に慣れるまでの覚え方として面白いコツがあります。-o で終わる単語は otoko（男）で男性名詞、-a で終わる単語は onna（女）で女性名詞と覚えてみてください。

男性名詞	女性名詞
niño（男の子） ニニョ	**niña**（女の子） ニニャ
libro（本） リブロ	**mesa**（机） メサ

名詞の複数形

　複数の場合には語尾に -s/-es を付けます。母音（a,e,i,o,u）で終わる名詞には -s を付け、子音で終わる名詞には -es を付けます。

	単数	複数
男性名詞	**niño**（男の子） ニニョ	**niños** ニニョス
	libro（本） リブロ	**libros** リブロス
	árbol（木） アルボル	**árboles** アルボレス
女性名詞	**niña**（女の子） ニニャ	**niñas** ニニャス
	mesa（机） メサ	**mesas** メサス
	pared（壁） パレド	**paredes** パレデス

2. 冠詞

スペイン語にも英語の a, an, the のような冠詞があります。定冠詞と不定冠詞があり、後ろにくる名詞の性や数によって、その形が変わります。

不定冠詞

不定冠詞は、名詞が示すモノが常識的に見てたくさんある場合、1つ（単数）か、2つ以上（複数）かを表します。

	単数		複数	
男性名詞	un ウン	un libro ウン リブro （ある）一冊の本	unos ウノス	unos libros ウノス リブro ス （ある）数冊の本
女性名詞	una ウナ	una mesa ウナ メサ （ある）一つの机 una estrella ウナ エストreジャ （ある）一つの星	unas ウナス	unas mesas ウナス メサス （ある）いくつかの机 unas estrellas ウナス エストreジャス （ある）いくつかの星

定冠詞

名詞が示すモノが常識的に1つしかないとき、また、たくさんある中で特定のモノを指すときには定冠詞を使います。

	単数		複数	
男性名詞	el エl	el sol　太陽 エl ソl el libro　その本 エl リブro	los los	※ sol に複数はない los libros los リブro ス その数冊の本
女性名詞	la la	la mesa　その机 la メサ	las las	las mesas las メサス そのいくつかの机

3. 形容詞

形容詞は、修飾する名詞や代名詞の性・数に合わせて語尾変化します。形容詞は一般的に名詞の後ろに置きます。

語尾が -o の場合

女性名詞につくと、語尾が -a に変化します。

● **blanco** (白い)
  ブ**ラ**ンコ

		単数	複数
男性名詞	**perro** ペrro 犬	**perro blanco** ペrro　ブ**ラ**ンコ 白い犬	**perros blancos** ペrroス　ブ**ラ**ンコス 白い犬たち
女性名詞	**oveja** オベハ 羊	**oveja blanca** オベハ　ブ**ラ**ンカ 白い羊	**ovejas blancas** オベハス　ブ**ラ**ンカス 白い羊たち

語尾が -o 以外の母音の場合

語尾は変化せず、複数形には -s または -es を付けます。

● **interesante** (面白い) / **especial** (特別な)
  インテreサンテ　　　　　エスペシア**ル**

		単数	複数
男性名詞	**libro** **リ**ブro 本	**libro interesante** **リ**ブro　インテreサンテ 面白い本	**libros interesantes** **リ**ブroス　インテreサンテス 面白い何冊かの本
	árbol **ア**rボ**ル** 木	**árbol especial** **ア**rボ**ル**　エスペシア**ル** 特別な木	**árboles especiales** **ア**rボ**ル**eス　エスペシア**ル**eス 特別な何本かの木
女性名詞	**pintura** ピント**ゥ**ra 絵	**pintura interesante** ピント**ゥ**ra　インテreサンテ 面白い絵	**pinturas interesantes** ピント**ゥ**raス　インテreサンテス 面白いいくつかの絵
	casa **カ**サ 家	**casa especial** **カ**サ　エスペシア**ル** 特別な家	**casas especiales** **カ**サス　エスペシア**ル**eス 特別ないくつかの家

4. 指示形容詞

「この」「その」「あの」などにあたるのが、指示形容詞です。後ろに続く名詞の性と数によって形が変わります。

	単数		
	この	その	あの
男性	**este** libro エステ リブro この本	**ese** libro エセ リブro その本	**aquel** libro アケル リブro あの本
女性	**esta** mesa エスタ メサ この机	**esa** mesa エサ メサ その机	**aquella** mesa アケジャ メサ あの机

	複数		
	これらの	それらの	あれらの
男性	**estos** libros エストス リブroス これらの本	**esos** libros エソス リブroス それらの本	**aquellos** libros アケジョス リブroス あれらの本
女性	**estas** mesas エスタス メサス これらの机	**esas** mesas エサス メサス それらの机	**aquellas** mesas アケジャス メサス あれらの机

文法コーナー

5. 所有形容詞

　所有形容詞とは「私の」「彼女の」など、所有を表す形容詞です。英語と同様、名詞の前に置きます。以下は amigo（男友達）と amiga（女友達）と組み合わせた表現の一覧です。mi, tu, su, mis, tus, sus は男性名詞でも女性名詞でも同系です。形容される名詞が複数のときには単数形に -s が付きます。

	男性・単数	女性・単数	男性・複数	女性・複数
私の	mi（ミ）		mis（ミス）	
	mi amigo ミ　アミゴ	mi amiga ミ　アミガ	mis amigos ミス　アミゴス	mis amigas ミス　アミガス
君の	tu（トゥ）		tus（トゥス）	
	tu amigo トゥ　アミゴ	tu amiga トゥ　アミガ	tus amigos トゥス　アミゴス	tus amigas トゥス　アミガス
あなたの 彼の 彼女の それの	su（ス）		sus（スス）	
	su amigo ス　アミゴ	su amiga ス　アミガ	sus amigos スス　アミゴス	sus amigas スス　アミガス
私たちの	nuestro amigo ヌエストro　アミゴ	nuestra amiga ヌエストra　アミガ	nuestros amigos ヌエストroス　アミゴス	nuestras amigas ヌエストraス　アミガス
君たちの	vuestro amigo ブエストro　アミゴ	vuestra amiga ブエストra　アミガ	vuestros amigos ブエストroス　アミゴス	vuestras amigas ブエストraス　アミガス
あなたたちの 彼らの 彼女らの それらの	su amigo ス　アミゴ	su amiga ス　アミガ	sus amigos スス　アミゴス	sus amigas スス　アミガス

6. 人称代名詞

tú/vosotros/vosotras は、親しい間柄で使います。usted/ustedes は遠慮する間柄に使い、三人称扱いになります。

		主語「〜は」	直接目的語になる「〜を」	間接目的語になる「〜に」
一人称	私	yo ジョ	me メ	me メ
一人称	私たち	[男] nosotros ノソトロス / [女] nosotras ノソトラス	nos ノス	nos ノス
二人称	君	tú トゥ	te テ	te テ
二人称	君たち	[男] vosotros ボソトロス / [女] vosotras ボソトラス	os オス	os オス
三人称	あなた	usted ウステー	le ℓe	le (se) ℓe セ
三人称	あなたたち	ustedes ウステデス	los ℓoス	les (se) ℓeス セ
三人称	彼	él エℓ	le ℓe	le (se) ℓe セ
三人称	彼ら	ellos エジョス	los ℓoス	les (se) ℓeス セ
三人称	彼女	ella エジャ	la ℓa	le (se) ℓe セ
三人称	彼女ら	ellas エジャス	las ℓaス	les (se) ℓeス セ

文法コーナー

7. 動詞

　スペイン語の動詞は人称と数によって活用しますが、規則的な活用をする動詞と不規則的な活用をする動詞があります。規則動詞は、-ar 動詞 /-er 動詞 /-ir 動詞の 3 つのグループに分けられます。それぞれのグループの動詞は同じ形で活用します。原形の語尾、-ar、-er、-ir を取り、主語の人称と数に従ってそれぞれの活用語尾を付けます。

			-ar 動詞 estudiar エストゥディアr 勉強する	**-er 動詞** comer コメr 食べる	**-ir 動詞** escribir エスクriビr 書く
単数	一人称	私は yo ジョ	estudio エストゥディオ	como コモ	escribo エスクriボ
	二人称	君は tú トゥ	estudias エストゥディアス	comes コメス	escribes エスクriベス
	三人称	あなたは usted ウステー 彼は él エl 彼女は ella エジャ	estudia エストゥディア	come コメ	escribe エスクriベ
複数	一人称	私たちは 男 nosotros ノソトros 女 nosotras ノソトraス	estudiamos エストゥディアモス	comemos コメモス	escribimos エスクriビモス
	二人称	君たちは 男 vosotros ボソトros 女 vosotras ボソトraス	estudiáis エストゥディアイス	coméis コメイス	escribís エスクriビス
	三人称	あなたたちは ustedes ウステデス 彼らは ellos エジョス 彼女らは ellas エジャス	estudian エストゥディアン	comen コメン	escriben エスクriベン

文法コーナー

8. 文の形

スペイン語は動詞の活用形を見れば、主語の人称・数が分かるので、主語はときどき省略されます。ただ、「あなたは」「彼は」「彼女は」といった場合には、動詞の活用形が同じなので主語を言ったほうが良いです。

1）肯定文

主語＋動詞＋（目的語など）

Yo trabajo.（私は働いています）
ジョ　トラバホ

Yo soy estudiante.（私は学生です）
ジョ　ソイ　エストゥディアンテ

Me gusta el vino.（私はワインが好きです）
メ　グスタ　エl　ビノ

Él estudia inglés.（彼は英語を勉強しています）
エl　エストゥディアイングleス

2）否定文

否定文は動詞の前に no を置きます。目的語となる代名詞がある場合にはその前に置きます。

Yo no trabajo.（私は働いていません）
ジョ　ノ　トラバホ

No me gusta el vino.（私はワインが好きではありません）
ノ　メ　グスタ　エl　ビノ

3）疑問文

疑問文は「動詞→主語」の語順になることが多いです。文の最初と最後を「¿」「?」でくくります。

¿Trabaja usted?（あなたは働いていますか？）
トラバハ　ウステー

¿Estudia usted español?（あなたはスペイン語を勉強していますか？）
エストゥディア　ウステー　エスパニョl

193

疑問詞を含む疑問文

疑問詞を含む場合には、「疑問詞→動詞→主語」の順になります。

qué ケ 何/どんな	¿Qué haces?（何してるの？） ケ　　アセス ¿Qué es esto?（これは何ですか？） ケ　エス　エスト
quién/quiénes キエン　　キエネス 誰	¿Quién es aquel señor?（あの紳士は誰ですか？） キエン　エス　アケル　　セニョr ¿A quién invitas?（誰を招待しますか？） ア　キエン　　インビタス
cuándo クアンド いつ	¿Cuándo vienes?（いつ来るの？） クアンド　　　ビエネス
dónde ドンデ どこ	¿A dónde va usted?（どこに行きますか？） ア　ドンデ　バ　ウステー
cómo コモ どのように/どのような	¿Cómo es ella?（彼女はどんな人ですか？） コモ　エス　エジャ
por qué ポr　ケ なぜ	¿Por qué vas a Madrid? ポr　ケ　バス　ア　マドri ッ （どうしてマドリードに行くの？）
cuál/cuáles クアl　クアレス どれ	¿Cuáles son tus comidas favoritas? クアレス　ソン　トゥス　コミダス　　ファボri タス （君の好きな食べ物は何ですか？）
cuánto/cuánta/ クアント　クアンタ cuántos/cuántas クアントス　　クアンタス どのくらいの	¿Cuánto es este abrigo? クアント　エス　エステ　アブri ゴ （このコートはいくらですか？） ¿Cuántos libros lees?（どれくらい本を読む？） クアントス　　li ブロス　レエス

巻末付録
イラスト単語集

16項目のさまざまな単語を集めています。よく使いそうな単語を多く集めたので、学習や実際の会話に役立ててください。

01 ホテル

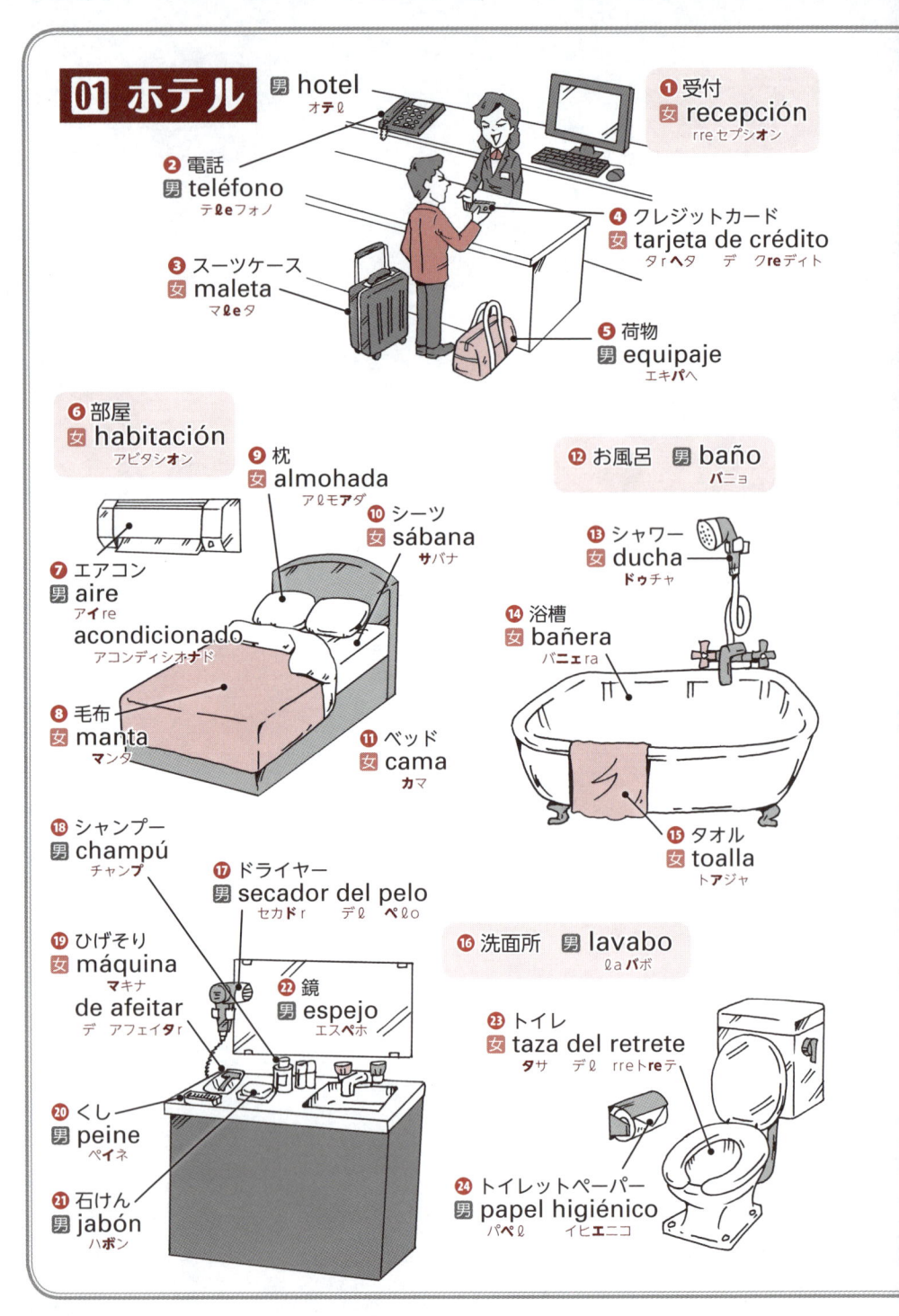

- hotel 男 オテl
- ❶ 受付 女 recepción rreセプシオン
- ❷ 電話 男 teléfono テレeフォノ
- ❸ スーツケース 女 maleta マレeタ
- ❹ クレジットカード 女 tarjeta de crédito タrヘタ デ クreディト
- ❺ 荷物 男 equipaje エキパヘ
- ❻ 部屋 女 habitación アビタシオン
- ❼ エアコン 男 aire acondicionado アイre アコンディシオナド
- ❽ 毛布 女 manta マンタ
- ❾ 枕 女 almohada アlモアダ
- ❿ シーツ 女 sábana サバナ
- ⓫ ベッド 女 cama カマ
- ⓬ お風呂 男 baño バニョ
- ⓭ シャワー 女 ducha ドゥチャ
- ⓮ 浴槽 女 bañera バニェra
- ⓯ タオル 女 toalla トアジャ
- ⓰ 洗面所 男 lavabo laバボ
- ⓱ ドライヤー 男 secador del pelo セカドr デl ぺlo
- ⓲ シャンプー 男 champú チャンプ
- ⓳ ひげそり 女 máquina de afeitar マキナ デ アフェイタr
- ⓴ くし 男 peine ぺイネ
- ㉑ 石けん 男 jabón ハボン
- ㉒ 鏡 男 espejo エスペホ
- ㉓ トイレ 女 taza del retrete タサ デl rreトreテ
- ㉔ トイレットペーパー 男 papel higiénico パぺl イヒエニコ

196

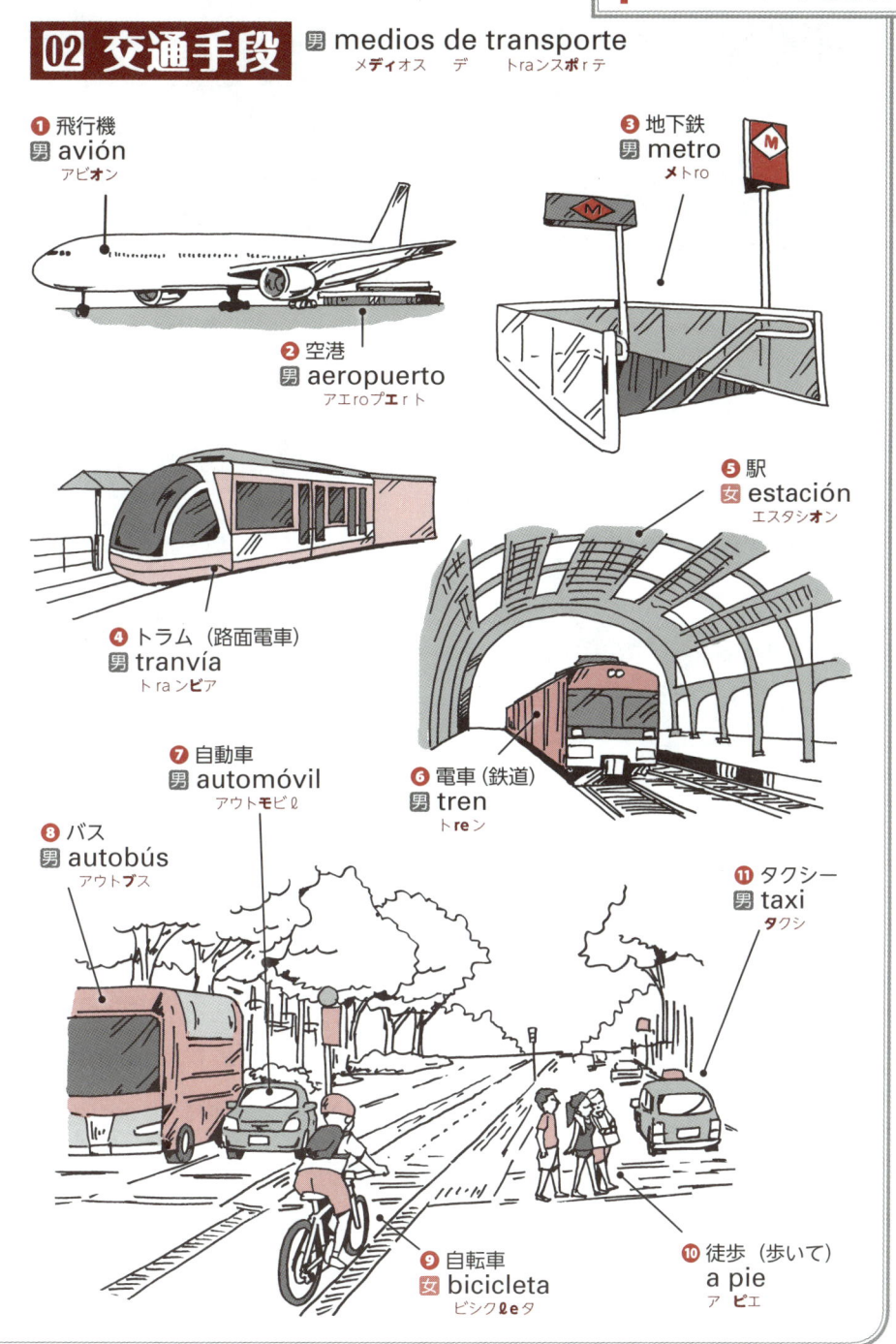

巻末付録 | **イラスト単語集**

02 交通手段　男 medios de transporte
メ**ディ**オス　デ　トラんス**ポ**rテ

❶ 飛行機
男 avión
ア ビ**オ**ン

❷ 空港
男 aeropuerto
アエro プ**エ**rト

❸ 地下鉄
男 metro
メトro

❹ トラム（路面電車）
男 tranvía
ト ra ン**ビ**ア

❺ 駅
女 estación
エスタシ**オ**ン

❻ 電車（鉄道）
男 tren
ト**re**ン

❼ 自動車
男 automóvil
アウト**モ**ビl

❽ バス
男 autobús
アウト**ブ**ス

❾ 自転車
女 bicicleta
ビシク**l**e**タ**

❿ 徒歩（歩いて）
a pie
ア ピ**エ**

⓫ タクシー
男 taxi
タクシ

197

03 街　女 la ciudad
la シウダー

❶ 美術館　男 museo
ムセオ

❷ 教会　女 iglesia
イグレシア

❸ スタジアム　男 estadio
エスタディオ

❹ スーパーマーケット　男 supermercado
スペrメrカド

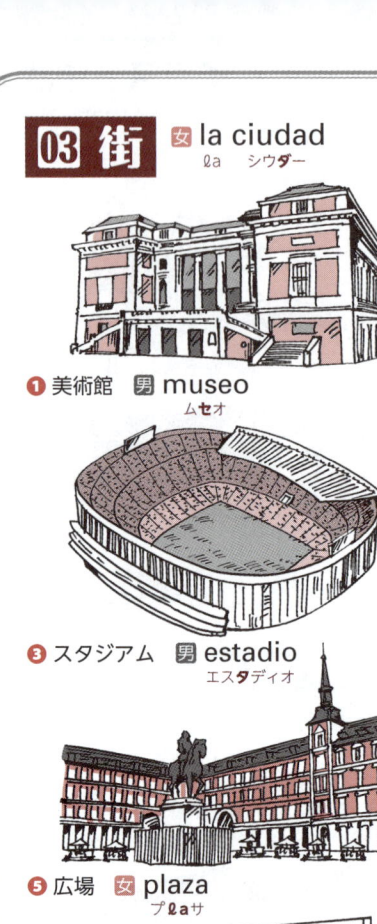

❺ 広場　女 plaza
プラサ

❻ バル　男 bar
バr

❼ レストラン　男 restaurante
rreスタウランテ

❽ デパート　男 grandes almacenes
グランデス　アルマセネス

北	男 norte ノrテ	右	女 derecha デレチャ
南	男 sur スr	左	女 izquierda イスキエrダ
西	男 oeste オエステ	郵便局	女 correos コrreオス
東	男 este エステ	病院	男 hospital オスピタl
上	女 arriba アrriバ	銀行	男 banco バンコ
下	女 debajo デバホ	薬局	女 farmacia ファrマシア

巻末付録 | イラスト単語集

04 洋服 男 vestidos
ベス**ティ**ドス

1. Tシャツ / 女 camiseta (カミ**セ**タ)
2. ブラウス / 女 blusa (ブ**ル**サ)
3. ジーンズ / 男 vaqueros (バ**ケ**roス)
4. パンツ / 男 pantalón (パンタ**ロ**ン)
5. ワンピース / 男 vestido (ベス**ティ**ド)
6. スーツ / 男 traje (ト**ra**へ)
7. コート / 男 abrigo (アブ**ri**ゴ)
8. ワイシャツ / 女 camisa (カ**ミ**サ)
9. セーター / 男 jersey (ヘr**セ**イ)
10. ベスト / 男 chaleco (チャ**レ**コ)
11. スカート / 女 falda (**ファ**ル**ダ**)
12. ジャケット / 女 chaqueta (チャ**ケ**タ)

05 靴 男 zapatos
サ**パ**トス

1. サンダル / 女 sandalias (サン**ダ**リアス)
2. スニーカー / 男 calzado deportivo (カ**ル**サド デポr**ティ**ボ)
3. 革靴 / 男 zapatos de cuero (サ**パ**トス デ ク**エ**ro)
4. ハイヒール / 男 zapatos de tacón alto (サ**パ**トス デ タ**コ**ン **ア**ルト)
5. ローヒール / 男 zapatos de poco tacón (サ**パ**トス デ **ポ**コ タ**コ**ン)
6. ブーツ / 女 botas (**ボ**タス)

199

06 小物

男 complementos
コンプレメントス

❶ スカーフ
男 pañuelo al cuello
パニュエロ アル クエジョ

❷ マフラー
女 bufanda
ブファンダ

❸ ネクタイ
男 corbata
コrバタ

❹ 帽子
男 sombrero
ソンブrero

❺ ハンカチ
男 pañuelo
パニュエロ

❻ 小銭入れ
男 monedero
モネデro

❼ 財布（札入れ）
男 cartera
カrテra

❽ メガネ
女 gafas
ガファス

❾ サングラス
女 gafas de sol
ガファス デ ソl

❿ 腕時計
男 reloj
reロo

⓫ 傘
男 paraguas
パraグアス

⓬ 手袋
男 guantes
グアンテス

⓭ ベルト
男 cinturón
シントゥroン

⓮ ネックレス（首飾り）
男 collar
コジャr

⓯ ピアス（耳飾り）
女 pendientes de oreja
ペンディエンテス デ オreハ

⓰ ブレスレット
女 pulsera
プlセra

⓱ 指輪
女 sortija
ソrティハ

⓲ ブローチ
男 broche
ブroチェ

⓳ ハンドバッグ
男 bolso de mano
ボlソ デ マノ

⓴ ショルダーバッグ
男 bolso a la bandolera
ボlソ ア la バンドlera

㉑ リュックサック
男 mochila
モチla

㉒ 香水
男 perfume
ペrフメ

200

巻末付録　イラスト単語集

07 料理　男 comidas
コミダス

① 前菜　男 aperitivos
アペriティボス

② 肉料理　男 platos de carne
プラトス　デ　カrネ

③ 魚料理　男 platos de pescado
プラトス　デ　ペスカド

④ パエリア
paella
パエジャ

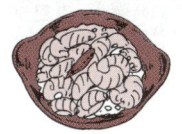

⑤ アヒージョ
ajillo
アヒジョ

⑥ パタタス・ブラバス
（フライドポテトのピリ辛トマトソースがけ）
patatas bravas
パタタス　プraバス

⑦ ピスト（スペイン風ラタトゥイユ）
pisto
ピスト

⑧ ガスパチョ
（冷製スープ）
gazpacho
ガスパチョ

⑨ トルティージャ
（スペイン風オムレツ）
tortilla
トrティジャ

⑩ アロス・コン・レチェ
（米をミルクで溶かしたもの）
arroz con leche
アrロス　コン　ℓeチェ

⑪ チュロス
churros
チュrroス

⑫ ナティージャ
（カスタードクリームのようなデザート）
natillas
ナティジャス

08 飲み物　女 bebidas
ベビダス

① コーヒー
男 café
カフェ

② カフェオレ
男 café con leche
カフェ　コン　ℓeチェ

③ 紅茶（ミルク／レモン）
男 té (con leche / con limón)
テ　コン　ℓeチェ　コン　ℓiモン

④ ココア
男 chocolate caliente
チョコℓaテ　カℓiエンテ

⑤ 炭酸水
女 agua gaseosa
アグア　ガセオサ

⑥ オレンジジュース
男 zumo de naranja
スモ　デ　ナranハ

⑦ コーラ
女 coca cola
コカ　コℓa

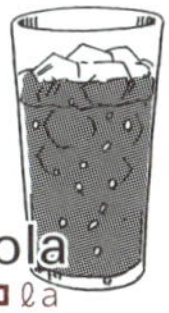

⑧ ワイン（赤／ロゼ／白）
男 vino (tinto / rosado / blanco)
ビノ　ティント　roサド　プℓaンコ

⑨ ビール
女 cerveza
セrベサ

⑩ シャンパン
男 champán
チャンパン

201

09 食品

男 alimentos
アli メントス

❶ 肉
carnes
カ rネス

❷ 牛肉
女 carne de vaca
カrネ デ バカ

❸ 子牛肉
男 carne de ternera
カrネ デ テrネra

❹ 鶏肉
女 carne de pollo
カrネ デ ポジョ

❺ 豚肉
女 carne de cerdo
カrネ デ セrド

❻ 羊肉
女 carne de oveja
カrネ デ オベハ

❼ 子羊肉
女 carne de cordero
カrネ デ コrデro

❽ ウサギ肉
女 carne de conejo
カrネ デ コネホ

❾ 鴨肉
女 carne de pato
カrネ デ パト

❿ チョリソ
男 chorizo
チョriソ

⓫ 生ハム
男 jamón
ハモン

⓬ 海鮮
pescado de mar
ペスカド デ マr

⓭ タラ
男 bacalao
バカlaオ

⓮ イカ
男 calamar
カlaマr

⓯ タコ
男 pulpo
プlポ

⓰ ムール貝
男 mejillón
メヒジョン

⓱ エビ（小）
女 gamba
ガンバ

⓲ イワシ
女 sardina
サrディナ

⓳ 野菜 legumbres
le グンブreス

⓴ なす
女 berenjena
ベrenヘナ

㉑ にんじん
女 zanahoria
サナオriア

㉒ じゃがいも
女 patatas
パタタス

㉓ トマト
男 tomate
トマテ

㉔ きゅうり
男 pepino
ペピノ

㉕ たまねぎ
男 cebolla
セボジャ

㉖ ピーマン
男 pimiento
ピミエント

㉗ オリーブの実
女 aceituna
アセイトゥナ

㉘ 果物
frutas
フruタス

㉙ りんご
女 manzana
マンサナ

㉚ ぶどう
女 uvas
ウバス

㉛ バナナ
男 plátano
プlaタノ

㉜ いちご
女 fresa
フreサ

㉝ オレンジ
女 naranja
ナranハ

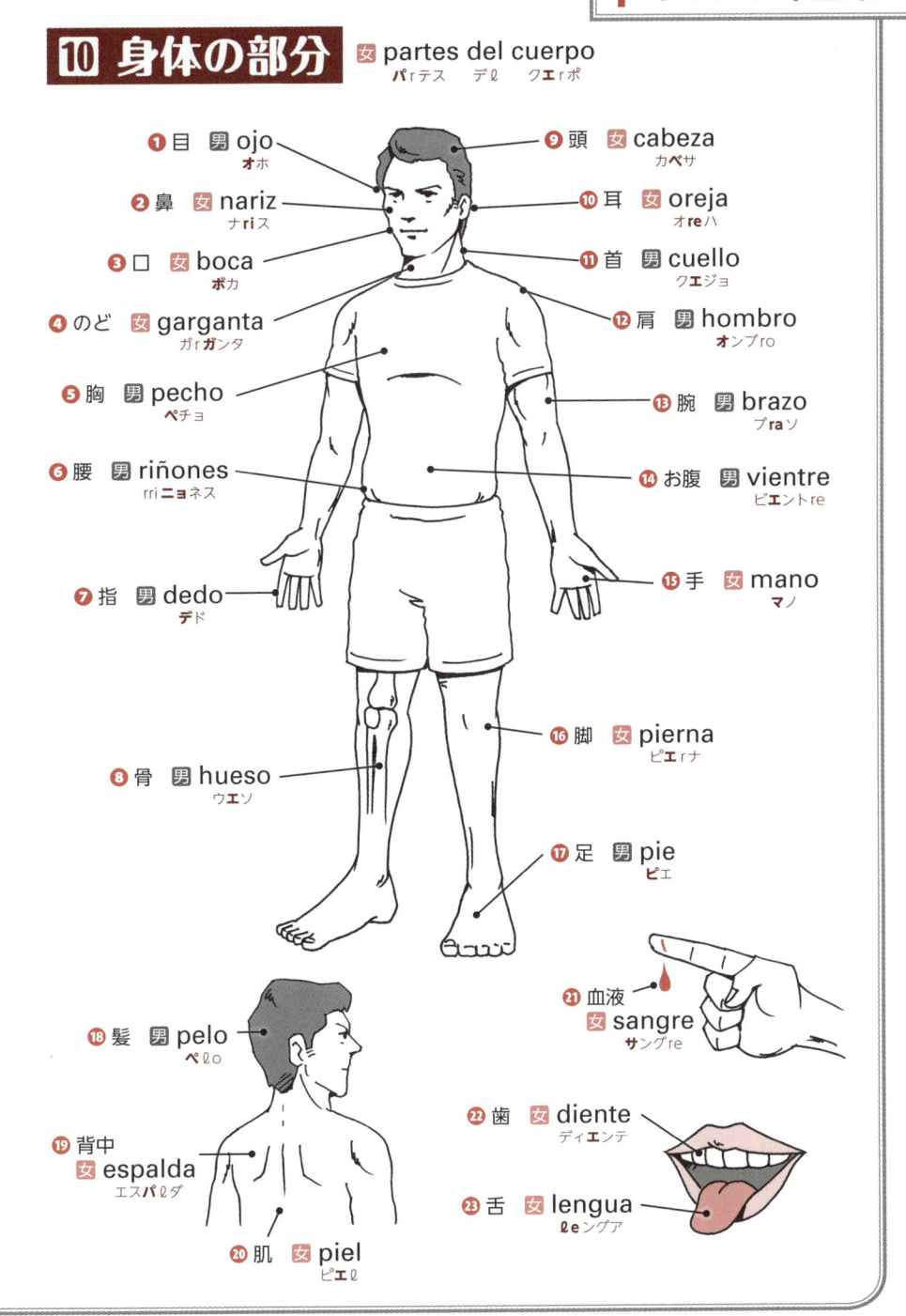

巻末付録 | **イラスト単語集**

10 身体の部分 　女 partes del cuerpo
パrテス　デl　クエrポ

❶ 目　男 ojo
オホ

❷ 鼻　女 nariz
ナriス

❸ 口　女 boca
ボカ

❹ のど　女 garganta
ガrガンタ

❺ 胸　男 pecho
ペチョ

❻ 腰　男 riñones
rriニョネス

❼ 指　男 dedo
デド

❽ 骨　男 hueso
ウエソ

❾ 頭　女 cabeza
カベサ

❿ 耳　女 oreja
オreハ

⓫ 首　男 cuello
クエジョ

⓬ 肩　男 hombro
オンブro

⓭ 腕　男 brazo
ブraソ

⓮ お腹　男 vientre
ビエントre

⓯ 手　女 mano
マノ

⓰ 脚　女 pierna
ピエrナ

⓱ 足　男 pie
ピエ

⓲ 髪　男 pelo
ペlオ

⓳ 背中　女 espalda
エスパlダ

⓴ 肌　女 piel
ピエl

㉑ 血液　女 sangre
サンgre

㉒ 歯　女 diente
ディエンテ

㉓ 舌　女 lengua
lエングア

203

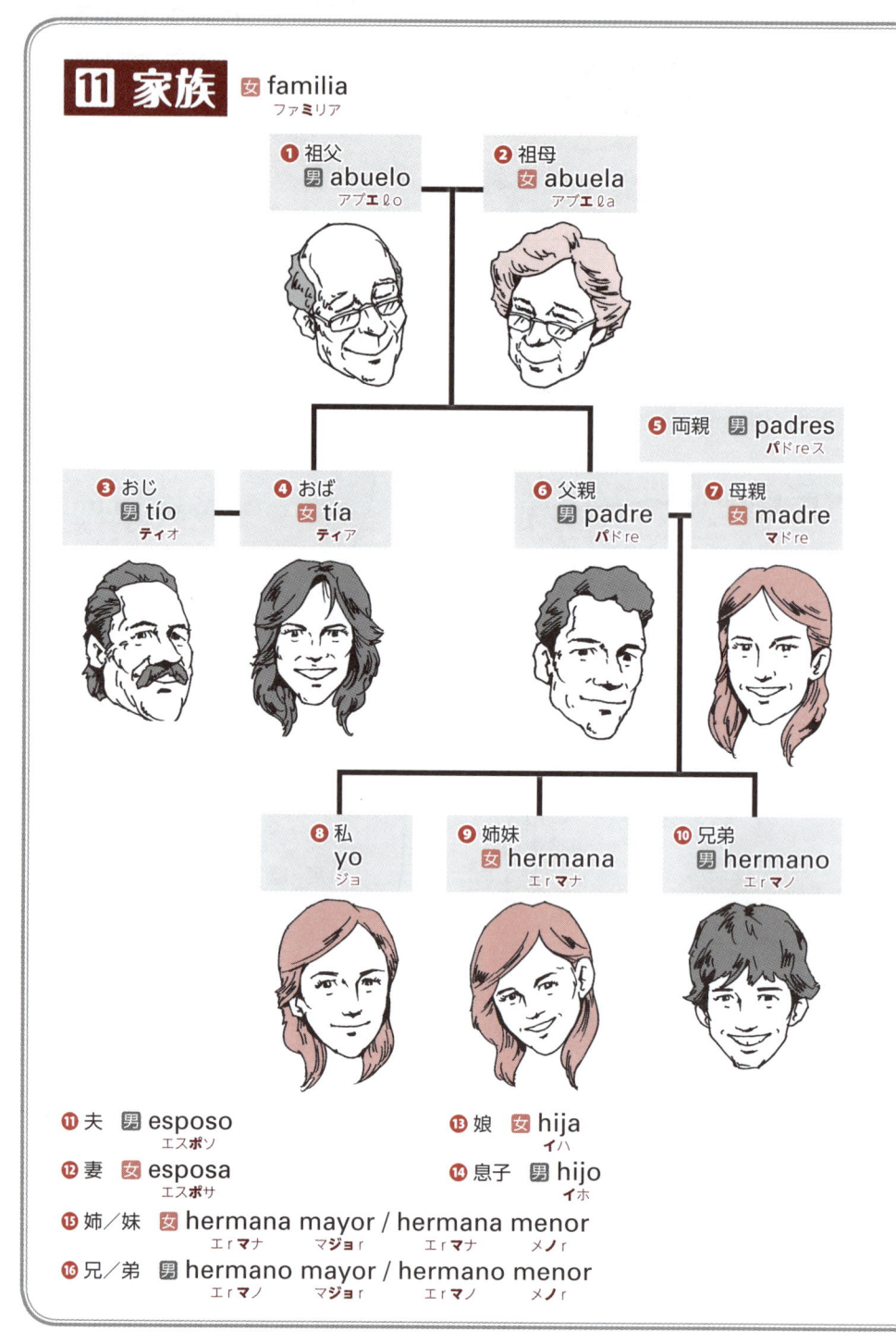

11 家族　女 familia
ファミリア

- ❶ 祖父　男 abuelo　アブ**エ**ロ
- ❷ 祖母　女 abuela　アブ**エ**ラ
- ❸ おじ　男 tío　ティオ
- ❹ おば　女 tía　ティア
- ❺ 両親　男 padres　パド**re**ス
- ❻ 父親　男 padre　パ**ド**re
- ❼ 母親　女 madre　**マ**ドre
- ❽ 私　yo　ジョ
- ❾ 姉妹　女 hermana　エr**マ**ナ
- ❿ 兄弟　男 hermano　エr**マ**ノ
- ⓫ 夫　男 esposo　エス**ポ**ソ
- ⓬ 妻　女 esposa　エス**ポ**サ
- ⓯ 姉／妹　女 hermana mayor / hermana menor　エr**マ**ナ マ**ジョ**r ／ エr**マ**ナ メ**ノ**r
- ⓰ 兄／弟　男 hermano mayor / hermano menor　エr**マ**ノ マ**ジョ**r ／ エr**マ**ノ メ**ノ**r
- ⓭ 娘　女 hija　**イ**ハ
- ⓮ 息子　男 hijo　**イ**ホ

12 数／序数詞 男 números ／男 números ordinales

0 cero	12 doce	40 cuarenta
1 uno(un/una)	13 trece	50 cincuenta
2 dos	14 catorce	60 sesenta
3 tres	15 quince	70 setenta
4 cuatro	16 dieciséis	71 setenta y uno
5 cinco	17 diecisiete	72 setenta y dos
6 séis	18 dieciocho	80 ochenta
7 siete	19 diecinueve	81 ochenta y uno
8 ocho	20 veinte	100 cien
9 nueve	21 veintiuno	200 doscientos
10 diez	22 veintidós	1000 mil
11 once	30 treinta	2000 dos mil

序数詞

1 primero	4 cuarto	7 séptimo	10 décimo
2 segundo	5 quinto	8 octavo	
3 tercero	6 sexto	9 noveno	

13 月／曜日 男 mes ／男 día

1月 男 enero	7月 男 julio	月曜日 男 lunes
2月 男 febrero	8月 男 agosto	火曜日 男 martes
3月 男 marzo	9月 男 septiembre	水曜日 男 miércoles
4月 男 abril	10月 男 octubre	木曜日 男 jueves
5月 男 mayo	11月 男 noviembre	金曜日 男 viernes
6月 男 junio	12月 男 diciembre	土曜日 男 sábado
		日曜日 男 domingo

14 時間　hora
オra

- 12時 las doce　laス ドセ
- 11時 las once　laス オンセ
- 1時 la una　la ウナ
- 10時 las diez　laス ディエス
- 2時 las dos　laス ドス
- 9時 las nueve　laス ヌエべ
- 3時 las tres　laス トreス
- 8時 las ocho　laス オチョ
- 4時 las cuatro　laス クアトro
- 7時 las siete　laス シエテ
- 5時 las cinco　laス シンコ
- 6時 las seis　laス セイス

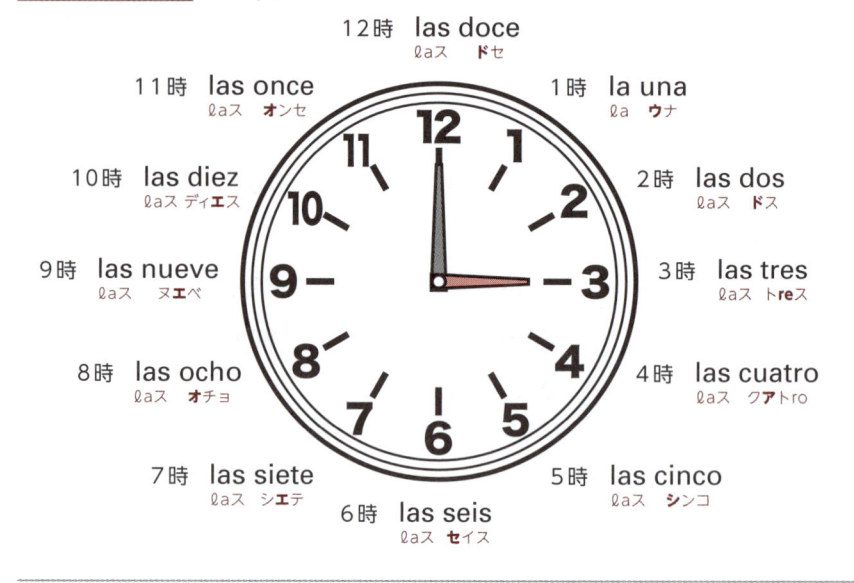

時間の表現は Son[Es] 〜 . を使って表します。「〜時…分」は「〜 y …」と y でつなぎます。y は英語の and にあたる接続詞です。

◀ 3時20分です。
Son las tres y veinte.
ソン laス トreス イ ベインテ

「〜時…分前」という言い方には menos を使います。

◀ 6時10分前（5時50分）です。
Son las seis menos diez.
ソン laス セイス メノス ディエス

「15分」と「30分」は、「4分の1」「半分」という意味の cuarto、media を使って表します。

◀ 1時15分です。Es la una y cuarto.
エス la ウナ イ クアrト

1時30分です。Es la una y media. ▶
エス la ウナ イ メディア

巻末付録 | **イラスト単語集**

15 天気 　男 tiempo
ティエンポ

❶ 天気が良い
Hace buen tiempo.
アセ　ブエン　ティエンポ

❷ 天気が悪い
Hace mal tiempo.
アセ　マl　ティエンポ

❸ 雨が降っている
Llueve.
ジュエベ

❹ 曇っている
Está nublado.
エスタ　ヌブlaド

❺ 風が強い
Hace viento.
アセ　ビエント

❻ 雪が降っている
Nieva.
ニエバ

16 季節 　女 estaciones
エスタシオネス

春
女 primavera
プriマベra

夏
男 verano
ベraノ

秋
男 otoño
オトニョ

冬
男 invierno
インビエrノ

207

●著者紹介

ヘスス・マロト・ロペステジョ　Jesús Maroto López-Tello

1960年、国立マドリード・コンプルテンセ大学哲文学部卒業後、アメリカに留学し、ボストン大学で社会心理学を専修。1970年、上智大学神学部（東西比較文化専攻）卒業。U.N.E.D（スペイン国立通信教育大学）で言語学部語源学専攻修士取得。その後、東京外国語大学、常葉学園大学、早稲田大学等で教鞭をとる。また、スペイン語教育ほかさまざまな文化活動を行っている東西文化センター所長を務める。主な著書に『ゼロからスタート　スペイン語　文法編』『単語でカンタン！　旅行スペイン語会話』（以上、Jリサーチ出版）がある。

本書へのご意見・ご感想は下記URLまでお寄せください。
https://www.jresearch.co.jp/kansou/

カバーデザイン	滝デザイン事務所
本文デザイン／DTP	江口うり子（アレピエ）
本文イラスト	田中斉
編集協力	Antonio Duque Lara
ナレーション協力	Yolanda Fernández
	Luis Octavio Rabasco Perez
	都さゆり
音声録音・編集	一般財団法人　英語教育協議会（ELEC）
CD制作	高速録音株式会社

ゼロからスタート　スペイン語　会話編

平成27年（2015年）6月10日　初版第1刷発行
令和5年（2023年）11月10日　　第6刷発行

著　者	ヘスス・マロト・ロペステジョ
発行人	福田富与
発行所	有限会社　Jリサーチ出版
	〒166-0002 東京都杉並区高円寺北2-29-14-705
	電話 03(6808)8801（代）　FAX 03(5364)5310
	編集部 03(6808)8806
	https://www.jresearch.co.jp
印刷所	㈱シナノ パブリッシング プレス

ISBN978-4-86392-231-0　禁無断転載。なお、乱丁・落丁はお取り替えいたします。
©2015 Jesús Maroto López-Tello, All rights reserved.